Andreas Zühlke

"Tritt fest auf! Mach`s Maul auf! Hör bald auf!"

Andreas Zühlke

"Tritt fest auf! Mach`s Maul auf! Hör bald auf!"

Zwanzig Predigten

Fromm Verlag

Imprint

Publisher:
Fromm Verlag
is a trademark of
International Book Market Service Ltd., member of OmniScriptum Publishing Group
17 Meldrum Street, Beau Bassin 71504, Mauritius

Printed at: see last page
ISBN: 978-620-2-44227-5

„Tritt fest auf!
Mach´s Maul auf!
Hör bald auf!“

(Martin Luther)

Vorwort

An einem Samstag Nachmittag klingelt es an der Haustür des Pastorates. Ich mache auf. Eine Bekannte steht da, starrt mich an, sieht, dass die Haare zersaust sind, das Hemd in der Hose nicht steckt und fragt endlich: „Was machst du denn?“ Ich, verwirrt, was sollte ich schon machen am Samstag, sage: „Ich mache die Predigt.“

An drei von vier Samstagen der Kampf mit dem Bibeltext. Wer bin ich? Anwalt des Textes, der Hörer, mein eigener Anwalt dem Text gegenüber?

Was ist überhaupt eine Predigt? Ich weiß es nicht. Nur, dass es ein Amen geben muss. Schluss. Was ich geschrieben habe, das habe ich geschrieben. Jetzt seid ihr dran, alle, die hören oder lesen wollen.

Zum Autor

Andreas Zühlke, geb. 1946, ist 38 Jahre Gemeindepastor in Hamburg gewesen; davon 28 Jahre in einer Ein-Pfarrstellen-Gemeinde. Die hier veröffentlichten Predigten stammen aus den ersten 10 Jahren dieses Jahrhunderts. Sie wurden alle in der Melanchthon-Kirchengemeinde Hamburg- Großflottbek gehalten. Natürlich wurden Predigthilfen benutzt, die im Einzelnen nicht mehr nachgewiesen werden konnten.

Inhaltsverzeichnis

Auf des Messers Schneide

„Nach diesen Geschichten versuchte Gott Abraham und sprach zu ihm: Abraham! Und er antwortete: Hier bin ich. Und er sprach: Nimm Isaak, deinen einzigen Sohn, den du liebhast, und geh hin in das Land Morija und opfere ihn dort zum Brandopfer auf einem Berge, den ich dir sagen werde.
Da stand Abraham früh am Morgen auf und gürtete seinen Esel und nahm mit sich zwei Knechte und seinen Sohn Isaak und spaltete Holz zum Brandopfer, machte sich auf und ging hin an den Ort, von dem ihm Gott gesagt hatte. Am dritten Tag hob Abraham seine Augen auf und sah die Stätte von ferne und sprach zu seinen Knechten: Bleibt ihr hier mit dem Esel. Ich und der Knabe wollen dorthin gehen, und wenn wir angebetet haben, wollen wir wieder zu euch kommen.
Und Abraham nahm das Holz zum Brandopfer und legte es auf seinen Sohn Isaak. Er aber nahm das Feuer und das Messer in seine Hand; und gingen die beiden miteinander. Da sprach Isaak zu seinem Vater Abraham: Mein Vater! Abraham antwortete: Hier bin ich, mein Sohn. Und er sprach: Siehe, hier ist Feuer und Holz; wo ist aber das Schaf zum Brandopfer? Abraham antwortete: Mein Sohn, Gott wird sich ersehen ein Schaf zum Brandopfer. Und gingen die beiden miteinander.
Und als sie an die Stätte kamen, die ihm Gott gesagt hatte, baute Abraham dort einen Altar und legte das Holz darauf und band seinen Sohn Isaak, legte ihn auf den Altar oben auf das Holz und reckte seine Hand aus und fasste das Messer, dass er seinen Sohn schlachtete.
Da rief ihn der Engel des HERRN vom Himmel und sprach: Abraham! Abraham! Er antwortete: Hier bin ich. Er sprach: Lege deine Hand nicht an den Knaben und tu ihm nichts; denn nun weiß ich, dass du Gott fürchtest und hast deines einzigen Sohnes nicht verschont um meinetwillen. Da hob Abraham seine Augen auf und sah einen Widder hinter sich in der Hecke mit seinen Hörnern hängen und ging hin und opferte ihn zum Brandopfer an seines Sohnes Statt.
(1. Mose 22, 1- 13)

Schon immer ist tödlicher Schrecken von dieser unheimlichen Geschichte der Fast-Opferung Isaaks ausgegangen.
In einer alten jüdischen Überlieferung findet die Geschichte eine Fortsetzung: „Als Isaak zu seiner Mutter zurückkehrte, sprach sie zu ihm: Wo bist du gewesen, mein Sohn? Und als sie hörte, was geschehen war, da rief Sara: Wehe über den Sohn der Unglücklichen! Wenn nicht der Engel gewesen wäre, wärest du längst geschlachtet?! Er antwortete: Ja!“ Und dann heißt es, dass Sara in jener Stunde 6 Schreie ausstieß und umfiel und tot war.
Schon immer ist tödlicher Schrecken von dieser Geschichte ausgegangen.

Die einen aber haben versucht, diesem Schrecken etwas Positives abzugewinnen. Sie haben die absolute, die blinde Gehorsamsleistung des Abraham gerühmt. In dieser christlichen Tradition hat man die Kraftprobe gelobt, die Abraham von seiner Religion abgelegt hätte. Er habe nichts zurückgehalten; er habe alles für seinen Gott geopfert. Und dann hat man diese Geschichte christlich auch „die Opferung Isaaks" genannt, obwohl Isaak am Ende gerade nicht geopfert wird, und hat in ihr eine Vorabbildung auf jene andere Geschichte gesehen, in der Gott - angeblich - seinen einzigen Sohn schlachtet, um seinen Zorn uns, den Menschen gegenüber zu besänftigen. Denken Sie nur an die Liedzeile: „Du, großer Schmerzensmann, vom Vater so geschlagen…".

Andere haben versucht, diesen tödlichen Schrecken zu zähmen. Sie haben in dieser Geschichte den Protest einer erwachenden Humanität gegen das religiöse Kindsopfer gesehen. „Gott will kein Kindsopfer! Das ist die positive Wende der Geschichte." Der Gehorsam des Abraham, den andere gerühmt haben, ist dann ein schrecklicher, ein blinder Kadavergehorsam.
Und so gibt es denn auch im heutigen Judentum eine Auslegung, die sagt: Abraham habe die Prüfung seines Gottes nicht bestanden. Denn als Gott ihm befahl, Isaak zu opfern, da wollte ER, der das Gebot „Du sollst nicht töten" erlässt, da wollte er Abrahams Weigerung; da wollte er nicht Ja, sondern Nein.
Und Woody Allen schließlich, nicht praktizierender Jude, kann den Schrecken dieser Geschichte nur noch ins Satirische ziehen: Die Versuchung Abrahams sei ein Experiment Gottes gewesen, mit dem er beweisen wollte, dass einige Menschen jedem Befehl folgen, egal wie schrecklich er sei.

Vielleicht aber geht es in dieser Geschichte gar nicht um Abrahams Gehorsam. Schließlich ist Abraham ja nicht gerade der Prototyp eines Menschen, der ständig Ja und Amen sagt. Elie Wiesel beschreibt ihn als den ersten Rebell. Abraham hat sich gegen die Gesellschaft und die Religion seiner Heimat aufgelehnt. Und er widerspricht seinem eigenen Gott. Er ringt mit ihm um das Leben anderer Menschen, selbst wenn sie Schreckliches auf dem Kerbholz haben wie die Einwohner Sodoms und Gomorrhas.
Aber hier schweigt Abraham merkwürdiger Weise. Obwohl es um das Leben seines eigenen Kindes geht; obwohl es sogar um noch etwas darüber hinaus geht. Denn Isaak ist mehr als nur Abrahams und Saras privates Kind. Isaak ist das Kind der Verheißung. Isaak ist Abrahams Gottesbeweis. Wenn Isaak stirbt, was ist dann mit der Verheißung, dass Abraham Nachkommen haben werde, so viele wie Sand am Meer und dass in ihm alle Geschlechter gesegnet sein werden? Wenn Isaak stirbt, was ist

dann mit dieser Verheißung, für die der so spät geborene Isaak doch das fleischgewordene Unterpfand ist? Und was ist dann mit dem Gott dieser Verheißung selbst, mit seiner Wahrheit? Eli Wiesel sagt deshalb: Hier hat die Prüfung eine doppelte Bedeutung. Gott lässt sie Abraham erleiden, und zugleich lässt Abraham sie Gott erleiden. Wie, wenn Abraham sagte: Ich fordere dich heraus, Herr; ich werde mich deinem Willen unterwerfen, aber wir werden sehen, ob du bis zum Äußersten gehst, ob du es tatsächlich geschehen lässt; ob du stumm bleibst, wenn das Leben meines Sohnes, der auch dein Sohn ist, auf dem Spiele steht.
Natürlich hören wir Abraham nicht sprechen. Denn er schweigt ja, jedenfalls nach außen, uns gegenüber.
„Nimm deinen Sohn, deinen einzigen, den du liebhast, den Isaak" – in dieser langsamen Einengung auf Isaak hin, hat die jüdische Auslegung immer die Fürsorge Gottes gesehen; eine Fürsorge, die Abraham Zeit lässt, sich dem Ungeheuren zu nähern.
„Nimm deinen Sohn" heißt es, damit Abraham innerlich einwenden kann: Ich habe zwei Söhne! „Deinen Einzigen", damit Abraham Gott zurückweisen kann: Ein jeder ist der Einzige seiner Mutter. „Den du liebhast", damit er antworten kann, ich habe sie beide lieb.
Wenn Gott in dieser Geschichte mehr ist als nur ein ungerührt Befehlender, dann dient diese langsame Einengung auf den Sohn der Verheißung nicht nur Abraham, dann dient sie auch Gott selbst dazu, sich dem Ungeheuren langsam zu nähern. „Den Isaak, und gehe hin ins Land Morija und opfere ihn dort als Ganzopfer auf einem der Berge, den ich dir nennen werde."
Drei Tage ist Abraham unterwegs - drei Tage damit niemand sagen könne, er habe im Affekt gehandelt; drei Tage, damit niemand sagen könne, er hätte nicht gewusst, was er tut. „Drei Tage", das ist beim Propheten Jona wie im Neuen Testament die Zeit, die zwischen dem Tod und dem Leben liegt – in dieser Reihenfolge: zwischen dem Tod und dem Leben.
„Am dritten Tage aber als Abraham seine Augen erhob" – zu den Knechten sprach er: Bleibt hier mit dem Esel, ich aber und der Knabe, wenn wir angebetet haben, wollen wir zu euch zurückkehren.
Hier bricht Abraham zum ersten Mal sein Schweigen. Hier deutet der Erzähler den Kampf an, den Abraham mit seinem Gott führt. Die Knechte sollen zurückbleiben, damit sie ihm nicht in den Arm fallen. Und doch spricht er schon davon, dass sie beide, er und Isaak zurückkehren werden.

„Dann nahm Abraham das Holz zum Brandopfer und lud es seinem Sohn Isaak auf; er selbst nahm den Feuerbrand und das Messer, und gingen die beiden miteinander."

Wiederum betont die jüdische Auslegung die Fürsorge. Diesmal die Fürsorge Abrahams seinem Sohn gegenüber: ihm legt er das Holz auf. Er selbst aber nimmt den Feuerbrand, an dem sich der Knabe verbrennen könnte, und auch das Messer nimmt er, an dem Isaak sich verletzten könnte.
Wie weit ist Abraham hier von jener Karikatur entfernt, die ihn zum blinden Vollstreckungsgehilfen eines Monstergottes machen will?!
Isaak ist kein kleines Kind mehr; er kann das Holz tragen. Er weiß, was geschieht. Manche jüdische Ausleger schließen aus dem Todesalter Saras, er sei schon 37 Jahre alt gewesen. Damit klar ist: Isaak weiß, was geschieht. Er könnte weglaufen. Er wäre stark genug, sich nicht von einem 100 Jahre alten Mann fesseln zu lassen.
Er sprach: „Siehe, hier ist wohl der Feuerbrand und das Holz; wo aber ist das Lamm zum Opfer?“ Abraham antwortet: „Gott wird sich das Lamm zum Opfer selbst ersehen.“
Wenn er nicht einfach seinen Sohn beruhigen will, dann spricht Abraham hier als Prophet. Denn er sagt mehr als er von sich aus sagen könnte.
Oder will er seinem Gott einen Ausweg anbieten? „Gott wird sich das Lamm zum Opfer selbst aussuchen“?

Und gingen die beiden miteinander. Abraham und Isaak. Sie sind eins. Sie gehören zusammen. Alles oder Nichts.

„Als sie nun an die Stätte kamen … der Altar, das Holz darauf, „dann band er seinen Sohn Isaak und legte ihn auf den Altar, oben auf das Holz.“ Wie in Zeitlupe verfolgt der Erzähler das Geschehen. Isaak hatte Zeit; er hätte schreien und davon laufen können. Aber er bleibt. Sein Opfer ist freiwillig.
Erst im allerletzten Augenblick ist der Kampf entschieden. „Lege deine Hand nicht an den Knaben!“ Hat Abraham gewonnen, hat er verloren?

„Aus diesem Zweikampf“, sagt Elie Wiesel, geht Abraham als Sieger hervor.“ Und er erinnert daran, dass Gott es liebt, von seinen Kindern besiegt zu werden.
Isaak ist der erste Überlebende. Unendlich oft kam in der jüdischen Geschichte kein rettender Engel. Und doch ist Isaak das Symbol für die jüdische Hoffnung.
Aber auch dann, wenn auf keinen Engel zu hoffen ist: Es könnte Situationen geben, in denen normale moralische Maßstäbe versagen oder keine Gültigkeit mehr haben.

Dorothee Sölle hat im Zusammenhang dieser Geschichte an den Physiker Max Planck erinnert. Sein ihm noch verbliebener Sohn, der - wie er gesagt hat - sein ganzer Sonnenschein in seinem hohen Alter war, sein Sohn Erwin arbeitete im Widerstand gegen den Nationalsozialismus.

Im Zusammenhang mit dem 20. Juli 1944 wurde Erwin Planck von der SS verhaftet. Dorothee Sölle schreibt: „Die Nazis boten dem Vater die Freilassung seines Sohnes an, wenn er zugleich eine Ergebenheitsadresse an das Regime veröffentlichen würde. Der Vater verhielt sich wie Abraham. Er lehnte ab. Sein Sohn wurde noch 1945 hingerichtet. Und auch Isaak weist hinüber auf etwas anderes, auf jenen anderen Berg, den Berg Golgatha. Denn Isaak, der Sohn Abrahams, ist seinen Weg freiwillig gegangen. Wie auch der Sohn des Menschen seinen Weg freiwillig gegangen ist. Einen Weg der Hingabe, der aussah als wäre er gescheitert, und der doch an einem dritten Tag in sein Recht gesetzt wurde - wenn auch öffentlich und für aller Augen erst auf Zukunft und auf Hoffnung hin.

Freiheit und Sicherheit

Da brachen sie auf von dem Berge Hor in Richtung auf das Schilfmeer, um das Land der Edomiter zu umgehen. Und das Volk wurde verdrossen auf dem Wege und redete wider Gott und wider Mose: Warum hast du uns aus Ägypten geführt, dass wir sterben in der Wüste? Denn es ist kein Brot noch Wasser hier, und uns ekelt vor dieser mageren Speise. Da sandte der Herr feurige Schlangen unter das Volk; die bissen das Volk, dass viele aus Israel starben. Da kamen sie zu Mose und sprachen: Wir hab en gesündigt, dass wir wider den HERRN und wider dich geredet haben. Bitte den HERRN, dass er die Schlangen von uns nehme. Und Mose bat für das Volk. Da sprach der HERR zu Mose: Mache dir eine eherne Schlange und richte sie an einer Stange hoch auf. Und wenn jemanden eine Schlange biss, so sah er die eherne Schlange an und blieb leben. (4. Mose 21, 4-9)

„Mache dir eine eherne Schlange und richte sie an einer Stange hoch auf. Wer gebissen ist und sieht sie an, der soll leben."
Eine archaische Schlangengeschichte aus Israels Wüstenzeit. Schlangen haben bis heute nicht nur eine gespaltene Zunge, sondern auch ein doppeltes Gesicht. In der alten Paradiesgeschichte ist die Schlange die große Verführerin zum Bösen; aber gleichzeitig bringt sie auch das Licht der Aufklärung, bringt sie Weisheit und Verstand zu den Menschen.
Genau wie sie selbst ist auch ihr Gift: tödlich kann es sein, aber richtig dosiert dient es auch als Heilmittel. Bis heute ist sie das Wahrzeichen der Ärzte und Apotheker.

Tödlich und heilsam also. Eine Geschichte auf Tod und Leben. Eine Geschichte aus Israels Wüstenzeit. Und mittendrin, sie, die Israeliten, Menschen auf dem Weg der Freiheit; je länger erdauert, je mehr sind sie hin- und hergerissen zwischen der

Sehnsucht nach Freiheit und dem Verlangen nach Sicherheit. Ein Zwiespalt, der uns nicht fremd ist.

„Da brachen sie auf von dem Berge Hor in Richtung auf das Schilfmeer…“ Das durch die Wüste wandernde Gottesvolk muss zurück. Warum? Jetzt waren sie schon kurz davor, das verheißene, das gelobte Land Kanaan zu betreten. Jetzt sollte die Wüstenzeit endlich ihr Ende haben. Nur durch das Königreich Edom hätten sie noch hindurch gemusst. Aber der König dort stellt sich ihnen in den Weg. Schickt ihnen sogar sein Heer entgegen. So müssen sie also umkehren, zurück in die Wüste. Ein schrecklicher Rückschlag. Wie sollen sie den verkraften? Sie müssen zurück in Richtung auf das Schilfmeer; dorthin, wo der beschwerliche Weg der Freiheit begonnen hatte; und nun alles wieder von vorne? Alles wieder auf Null? Es scheint so, als ob dieser Gott, der sie aus der Sklaverei herausgelockt hatte, - als ob dieser Gott nicht imstande wäre, seine Verheißungen zu erfüllen. Oder war das alles nur Lug und Trug? Waren sie Mose und seinem Gott auf den Leim gegangen? Verheißungen auf Freiheit gab und gibt es viele. Nicht nur wie vor etlichen Jahren in Nordafrika und im Nahen Osten. Auch 1989 in der DDR – aber dann: wieviel menschliche Tragödien, wie viele wirtschaftliche Verwerfungen, wie viele Bereicherungen auf Kosten anderer, wieviel plötzliche Bodenlosigkeit gab es da?! Und heute: demokratische Freiheiten und gefühlte und z. T. reale Schutzlosigkeit gegenüber Kriminalität und Terror auf der einen Seite und das Verlangen nicht nur nach Sicherheit auf der anderen – vielleicht bei immer mehr Menschen bald das Verlangen nach einem, der richtig durchgreift und Ordnung schafft.

„Und das Volk wurde verdrossen auf dem Weg und redete wider Gott und wider Mose.“ „Verdrossen“ ist zu milde übersetzt. Sie sind empört. Sie haben das Gefühl, nicht mehr fürsorglich geführt, sondern willkürlich gegängelt und sogar an der Nase herumgeführt zu werden.
Wie Adam und Eva vor dem einen Baume stehend vergessen hatten, dass sie von all den anderen Bäumen essen durften, genauso haben die Israeliten hier vergessen, dass sie bisher wunderbar geführt worden waren; dass sie leben konnten in diesem lebensfeindlichen Land; dass immer wieder Wasser zu finden war und jeden Morgen Manna, das Brot vom Himmel; dieses Tag-für-Tag-Brot, das man nicht horten konnte, das einen immer wieder neu an das Wunder des Lebens und der Freiheit erinnerte. All das hatten sie vergessen. „Uns ekelt vor dieser mageren Speise!“ Was einmal Wunder war, ist jetzt Ekel und Überdruss. Wie die Schlange im Paradies alles verdreht und alles Gute schlecht gemacht hatte, so machen es die Israeliten jetzt auch. Aber die Sünde der Undankbarkeit ist nicht das Schlimmste. Schlimmer ist, dass sie Gott und Mose unterstellen, sie wünschten ihren Tod in der Wüste. Schlimmer ist,

dass sie die Freiheit der Wüste gegen die Sklaverei in Ägypten zurücktauschen wollen. Freiheit und Sicherheit – im Zweifel gegen die Freiheit und für die Sicherheit? „Ich bin der Herr, dein Gott, der ich dich aus Ägyptenland, aus der Knechtschaft geführt habe.“ So hatte es am Sinai geheißen. Sie aber wünschten sich zurück zu den angeblichen Fleischtöpfen Ägyptens.
In der Paradiesgeschichte war die Grundsünde der Menschen dieses „Sein-Wollen-wie-Gott“. Hier ist die Grundsünde das Sein-Wollen-wie-Knechte“ – wie runde und gut genährte Knechte.
„Warum habt ihr uns aus Ägypten geführt, dass wir sterben in der Wüste?“ – Was sie Gott unterstellen, das muss sich erfüllen. „Self-fulfilling prophecy“ nennt man das. Mit dem Gift, das sie versprühen, werden sie selbst gebissen.

„Da sandte der Herr feurige Schlangen“ – oder besser übersetzt: „da ließ der Herr die feurigen Schlangen los wider das Volk.“
Die Schlangen waren schon immer da. Aber sie waren wie gehemmt, wie eingesperrt solange Israel selbst das Gift der Unterstellung, der Lüge und der Resignation nicht verspritzte. Heute würden wir vielleicht sagen: das Gift der sog. fake news! Daraufhin aber waren sie, waren die Schlangen losgelassen und bissen ihr tödliches Gift in die Menschen.

Wunderbar, dass hier die Menschen aufwachten; dass sie merkten, was sie angerichtet hatten mit ihrem Zurück-Wollen in die rundherum behütete Sicherheit; dass die Gewissensbisse, dass das heilsame Schlangengift nicht lange auf sich warten ließ. Wir haben gesündigt. Die Reue, die Umkehr kommt schnell. Vielleicht sogar zu schnell; zu bereitwillig. Als könnte schnell alles wieder gut; alles wie nicht gewesen sein. Immer wieder muss Mose in die Bresche springen: „Bitte den Herrn, dass er die Schlangen von uns nehme.“
Und Mose bittet zwar für das Volk; aber die Schlangen bleiben trotzdem. Weil auch die Menschen nicht endgültig und für immer aufhören, ihr Gift zu versprühen.
Aber Moses Bitte für das Volk wird auf andere Weise erfüllt: „Mache dir eine eherne Schlange und richte sie an einer Stange hoch auf. Wer gebissen ist und sieht sie an, der soll leben.“ Die Schlange soll ihr anderes, ihr heilendes, ihr heilmachendes Gesicht zeigen. Aber das ist kein Hokuspokus.

Die eherne Schlange erinnert die Israeliten an ihre Schuld. Wir haben gesündigt. Wir wollten nicht dorthin, wohin Gott uns haben wollte und immer noch will.
Und von der eigenen Schuld nicht weg zu gucken; die eigene Schuld nicht zu verdrängen, sie auch nicht zu beschönigen – darin soll heilende Kraft liegen; darauf

soll Segen liegen. „Vergessen“ – so heißt es ja – „hält die Erlösung auf, sich erinnern bringt sie näher.“
Auch der Blick auf das Kreuz Christi soll das Vergessen aufhalten. „Wie Mose in der Wüste die Schlange erhöht hat, so muss des Menschen Sohn erhöht, (d.h. im Johannesevangelium ans Kreuz erhöht) werden, auf dass alle, die an ihn glauben, das ewige Leben haben.“ Der Blick auf das Kreuz Christi soll auch uns an unsere Schuld, an unsere Sünde erinnern, an die Sucht auf eine Sicherheit, die es nicht gibt.
Sein wollen wie Knechte! „Werdet nicht zu Knechten von Menschen, denn ihr seid teuer erkauft!“ sagt der Apostel Paulus. Und die alten Rabbinen sagten: Die größte Sünde der Israeliten war, dass sie vergessen hatten, dass sie Befreite, ja, dass sie Könige waren.
Könige – teuer erkauft. Der Blick auf das Kreuz Christi soll heilende Wirkung haben. Hilft zu einem Leben, das mehr ist als Überleben. „Auf dass alle, die an ihn glauben, das ewige Leben haben.“
Ewiges Leben, von dem man etwas ahnen kann, wenn man wie die Israeliten einer tödlichen Bedrohung entkommen ist und merkt, im Leben steckt mehr als das bloße Überleben, als das bloße Noch-einmal-Davongekommen-Sein.

Im Angesicht des Kreuzes merken, wie vom Leben alles Selbstverständliche abfällt und das zutage tritt, was bleibt: teuer erkauftes Leben; eine königliche Würde nicht von eigenem Verdienst, nicht auf Grund eigener Wichtigkeit, königliche Würde von Gottes Gnaden. Auch und gerade dann, wenn das Gelobte Land, wenn das Reich der Freiheit noch aussteht; auch und gerade dann, wenn man die Freiheit nicht ein für allemal hat; wenn es sie wie das Manna in der Wüste immer nur täglich gibt und auch nur täglich geben kann.

Das Bekenntnis Jesu

Höre, Israel, der HERR ist unser Gott, der HERR allein. Und du sollst den HERRN, deinen Gott, liebhaben von ganzem Herzen, von ganzer Seele und mit aller deiner Kraft. (5.Mose 6, 4-5)

„Höre Israel" – jeden Morgen und jeden Abend beten fromme Juden das Schema´Jisrael. „Der HERR unser Gott, der HERR allein." Im Hebräischen sind das vier Worte: „Adonaj elohenu, adonaj echad." Vier Worte, in denen alles, der ganze jüdische Glaube zusammengefasst ist.

Die jüdischen Märtyrer zur Zeit Jesu und in den Jahrhunderten danach sind mit diesen 4 Worten auf den Lippen gestorben. Und bis heute wachen – wo immer es möglich und erwünscht ist – Mitglieder der jüdischen Gemeinde am Bett eines Sterbenden, damit sie in den letzten Augenblicken des Todkranken mit ihm oder für ihn das Schema´Jisrael sprechen können. Und sie versuchen es so einzurichten, dass das vierte und letzte Wort des Bekenntnisses, dass das Wort „allein" „echad" mit dem letzten Atemzug des Sterbenden zusammenfällt. Man kann die Bedeutung dieses Bekenntnisses im Judentum also gar nicht hoch genug einschätzen. Ähnlich wie das altkirchliche Glaubensbekenntnis, das wir Sonntag für Sonntag sprechen, alle christlichen Konfessionen miteinander verbindet, so verbindet auch das „Höre, Israel" die unterschiedlichsten religiösen Strömungen im Judentum.

Und weil dieses Bekenntnis von alters her zentrale Bedeutung erlangt hat, gibt es im Judentum eine Tradition, die das „Höre, Israel" nicht erst auf Mose zurückführt, sondern schon auf den Stammvater Jakob, der ja nach seinem nächtlichen Segenskampf am Fluss Jabbok den Beinamen „Israel" erhalten hatte. Kurz vor seinem Tode, so wird erzählt, habe Jakob seine 12 Söhne gefragt: „Seid ihr vielleicht mit jenem zerstritten, der gesprochen hatte, und die Welt entstand?" Sie antworteten: Höre, Israel, unser Vater. Wie in deinem Herzen kein Streit gegen ihn ist, so auch in unserem Herzen nicht. Vielmehr ist der HERR unser Gott, der HERR allein." Nicht erst Mose, sondern vor ihm schon, so will es diese Erzählung, haben die 12 Söhne Jakobs, also die 12 Stämme Israels, habe also das ganze Israel dieses Bekenntnis gesprochen.

Was aber soll uns, die wir nicht Israel sind, auch nicht das „Israel rechter Art" wie man lange Zeit sich anmaßte zu glauben - was also soll uns dieses jüdische Bekenntnis? Im Markusevangelium hat Jesus einmal auf die Frage eines Schriftgelehrten nach dem vornehmsten Gebot mit eben diesem Bekenntnis, dem „Höre, Israel" geantwortet. Er handelte da wie jeder jüdische Vater, der seinen Sohn oder seine Tochter die alles tragende Anfangszeile des „Höre, Israel“ lehrt: „Der HERR, unser Gott, der HERR allein.“ Und auch wenn das jüdische Bekenntnis im Neuen Testament nur an dieser einen Stelle ausdrücklich zitiert wird, es kann trotzdem keinen Zweifel daran geben, dass Jesus das „Höre, Israel“ sei es in der Synagoge, sei es für sich allein ungezählte Male gesprochen hat. Auch wenn es eigentlich eine Banalität ist, man muss es immer wieder sagen und vielleicht sogar einschärfen: Jesus hat es in seinem ganzen Leben und Sterben mit keinem anderen Gott zu tun gehabt als mit dem Gott dieses jüdischen Bekenntnisses, mit dem Gott Israels, mit dem Gott des ersten Gebotes. Dieses Bekenntnis ist ja nichts anderes als die Bejahung des ersten Gebotes: „Ich bin der HERR, dein Gott“. Die Antwort lautet: „Der HERR unser Gott.“ Und auf: „Du sollst keine fremden Götter haben neben mir“ lautet die Antwort: „Der HERR allein.“

„Höre, Israel, der HERR unser Gott, der HERR allein.“ Wenn wir nach der Bedeutung dieses jüdischen Bekenntnisses für uns fragen, dann müssen wir sagen: Alles, was Christen bekennen, muss sich an diesem Bekenntnis Jesu von Nazareth messen lassen.

Heute vor einer Woche, am vergangenen Sonntag, haben wir das vergleichsweise kleine und unbekannte Fest der Dreifaltigkeit, der Dreieinigkeit gefeiert. Von jüdischer Seite begegnet uns Christen an dieser Stelle der größte Vorbehalt. Und dieser Vorbehalt lautet: Haltet ihr Christen das erste Gebot wirklich ein? Ist euer Glaube an den Sohn Gottes vereinbar mit dem Bekenntnis „Der HERR unser Gott - der HERR allein.“?

Natürlich haben sich die ersten Christen, die ja alle Juden waren, natürlich hat sich auch der jüdische Pharisäer und Apostel Paulus mit diesem Vorbehalt auseinander setzen müssen. Auf der anderen Seite mussten die ersten Christen einer umstürzenden Gotteserfahrung Ausdruck geben: Der gekreuzigte, der verfluchte und ausgestoßene und getötete Jesus von Nazareth ist auferweckt worden. Und das hieß ja: Gott hat sich mit diesem Verfemten, mit diesem Getöteten solidarisiert; ja, er selbst, der ewige Gott war in diesem Einen gegenwärtig. Paulus sagt einmal lapidar: Gott war in Christus und versöhnte die Welt mit sich selbst. So spricht das Bekenntnis zu dem Sohn Gottes nicht etwa von einem neuen Gott neben Gott dem Vater. Es spricht von dem einen Gott, der einmal hernieder fuhr um sein Volk aus ägyptischer Sklaverei zu retten und der jetzt hernieder gefahren war in diesen einen Jesus von Nazareth, um nicht weniger als die Welt zu erretten.

So heißt es im Johannesevangelium: „Also hat Gott die Welt geliebt, dass er seinen einzigen Sohn - und das heißt nichts anderes als „sich selbst“ – gegeben hat.“

„Der HERR unser Gott, der HERR allein. Und du sollst Gott lieben von ganzem Herzen, von ganzer Seele und mit aller deiner Kraft.“ Es ist das erste Mal in der Geschichte der Menschen, dass eine Religion gebietet, Gott zu lieben. Einfach deshalb, weil Gott allein Gott ist und weil kein anderer außer ihm Gott ist. Und weil dieser Gott, der Einer ist, sich dieses eine Volk erwählt hat. Und weil dieser Gott, der einer ist, in dem Einen Jesus von Nazareth die ganze und eine Welt sich erwählt hat.

„Du sollst Gott lieben.“ Natürlich kann man Liebe nicht befehlen. Sie ist bedingungslos. So wie die Liebe Gottes zu seinem Volk bedingungslos ist; so wie die Liebe Gottes zu uns, zu seiner ganzen Welt bedingungslos ist. Gottes Liebe zu uns braucht keine Vorleistungen unsererseits. So wie unsere Liebe zu Gott keine Vorleistungen braucht. Sie ergibt sich von selbst. Sie ergibt sich aus dem Staunen. Aus dem Staunen über diesen Gott, der nicht bei sich selbst bleibt; der Israel erwählt hat; der in dem Einen uns, seine ganze Welt erwählt hat.

Der Apostel Paulus bekennt sich zu dieser Liebe Gottes und zu dieser Liebe zu Gott, wenn er schreibt. „Ich bin gewiss, dass weder Tod noch Leben, weder Engel noch Fürstentümer noch Gewalten, weder Gegenwärtiges noch Zukünftiges, weder Hohes noch Tiefes noch keine andere Kreatur kann uns scheiden von der Liebe Gottes, die in Christus Jesus ist, unserem Herrn.“

Schwerter, Spieße und kein Ende?

Es wird zur letzten Zeit der Berg, da des HERR Haus ist, fest stehen, höher als alle Berge und über alle Hügel erhaben, und alle Heiden werden herzulaufen, und viele Völker werden hingehen und sagen: Kommt, lasst uns auf den Berg des HERRN gehen, zum Hause des Gottes Jakobs, dass er uns lehre seine Wege und wir wandeln auf seinen Steigen! Denn von Zion wird Weisung ausgehen und des HERRN Wort von Jerusalem. Und er wird richten unter den Heiden und zurecht weisen viele Völker. Da werden sie ihre Schwerter zu Pflugscharen und ihre Spieße zu Sicheln machen. Denn es wird kein Volk wider das andere das Schwert erheben, und sie werden hinfort nicht mehr lernen, Krieg zu führen. Kommt nun, ihr vom Hause Jakob, lasst uns wandeln im Licht des HERRN! (Jesaja 2, 2-5)

Schwerter zu Pflugscharen, Spieße zu Rebmessern - „kein Volk wird wider das andere das Schwert erheben, denn sie werden hinfort nicht mehr lernen Kriege zu führen."

Wer mag diese alte Friedensvision heute noch in den Mund nehmen? – Angesichts der Toten und des Elends in Gaza, in Syrien, im Irak, in der Ukraine, in Nigeria, in Somalia und anderswo? Angesichts einer Kriegsführung, die Zivilisten als Schutzschilde benutzt und sog. zivile Kollateralschäden mehr als in Kauf nimmt? Angesichts auch einer fanatisierten Brutalität, die vor nichts zurückschreckt?!
Es sieht so aus, als würde die Realität dem Propheten Jesaja das Maul zustopfen. Die Diplomatie scheitert, die Friedensbewegung ist verstummt. Es scheint, als hätten jene recht, die schon lange gesagt haben: Kriege wird es immer geben. Die gehörten zur menschlichen Natur dazu. So fange ja schließlich auch die Bibel nach der Vertreibung aus dem Paradies an: der Brudermord Kains stehe am Anfang der menschlichen Geschichte und diese Blutspur höre bis heute und bis in alle menschliche Zukunft nicht auf.

Schwerter zu Pflugscharen, Spieße zu Rebmessern - wie soll man diesen Text Jesajas verstehen; wie soll man ihn predigen?
Sollen wir mit einer gewissen Ernüchterung und Resignation feststellen, dieser Text, diese Friedensvision ist out; sie stammt aus der Kinderstube der Menschheit, aber das wirkliche Leben ist anders. Wer dieser Vision immer noch anhängt, der sollte besser zum Psychiater gehen? Oder sollen wir sagen: Jesaja hat eine himmlisch schöne Vision gehabt, aber sie wird sich irdisch nie realisieren; sie gehört in jene Welt, von der es am Ende der Bibel heißt: „ein neuer Himmel und eine neue Erde, und der der Tod wird nicht mehr sein und kein Leid noch Geschrei wird mehr sein"? Oder sollen wir sagen: Jesaja beschreibt hier ein Ziel, das die Menschheit erreichen kann, wenn

sie sich moralisch nur bessert und von Generation zu Generation immer friedfertiger wird? Ist Jesajas Text also so etwas wie ein moralischer Appell an unseren Willen zum Frieden? War seine Situation vielleicht hoffnungsvoller als unsere heute? Gab es mehr Anlass zu glauben, dass die Menschen auf Dauer friedlich werden könnten?

Wenn man gleich das erste Kapitel in Jesajas Buch liest, dann muss man sagen: „Nein, es war nicht besser!" Jesaja beschreibt dort, dass Jerusalem von fremden Völkern belagert wird; dass alle anderen Städte mit Feuer verbrannt sind; dass das Land verwüstet ist und dass Fremde die Ernten beschlagnahmt haben. Jerusalem, so sagt er, ist wie ein Häuschen im Weinberg, wie eine Nachthütte im Gurkenfeld - eine belagerte Stadt.
Und dann lesen wir nur ein Kapitel weiter: „Es wird sein in der letzten Zeit - oder in der Späte der Tage, oder wie man noch besser übersetzen kann: „es wird sein auf der Rückseite der Tage." Jesaja sieht die Leute von Jerusalem wie sie dastehen mit dem Rücken zur Zukunft; wie sie gebannt auf die schlimme Gegenwart und in die Vergangenheit schauen, in der immer wieder fremde Völker mit ihren überlegenen Waffen gegen die Stadt Jerusalem angestürmt sind.
Und er sieht auch uns, wie wir uns gefangen nehmen lassen von unseren bösen Erfahrungen, dass nämlich das Böse im Extremfall nur mit Gewalt im Schach zu halten ist; dass Diktatoren durch Nachgiebigkeit nur zu weiteren Untaten ermutigt werden; dass die guten Vorsätze wie „Nie wieder Auschwitz" und „Nie wieder Krieg" nicht beide gemeinsam zu realisieren sind; dass es Situationen geben könne, in denen man um des „Nie wieder Auschwitz" willen zu kriegerischen Maßnahmen bereit sein müsse.

Aber dann geschieht unvermittelt die Wende. Dann sieht Jesaja auf einmal, dass das Vertrauen der Menschen in Waffen und immer mehr Waffen, dass der Glaube der Menschen, das Böse könne nur mit Gewalt in Schach gehalten werden - auf einmal sieht Jesaja wie eine andere Logik, wie eine andere Weisung stärker wird und überhandnimmt. „Es wird geschehen auf der Rückseite dieser Tage, da wird der Berg, auf dem des HERRN Haus ist, höher als alle Berge und über alle Hügel erhaben sein."
Jesaja meint hier kein Naturwunder, als würde der kleine Zionberg in Jerusalem höher wachsen als alle anderen Berge. Jesaja spricht von der zunehmenden Bedeutung des Zionberges, von seiner Ausstrahlungskraft, die alle anderen Berge überragen wird. Denn zur Zeit des Propheten haben die Menschen auf den Bergen und Hügeln des Landes ihre Götzen der Macht und der Stärke angebetet: „Ihr Land ist voller Rosse und Streitwagen, voller Götzen und sie beten an das Werk ihrer Hände." - so heißt es bei Jesaja. Und er meint, das wird ein Ende haben.

„Denn von Zion wird Weisung ausgehen und des HERRN Wort von Jerusalem.“ Eine Weisung, die überzeugender ist als jedes Setzen auf Gewalt; eine Weisung, ein Recht, das einen Frieden schafft, den Gewalt und Krieg nie erreichen können.
Und dann sieht Jesaja wie die Völker anstatt mit Schwertern und Spießen gegen Jerusalem anzustürmen – dann sieht er sie wie sie freiwillig und unbewaffnet zum Zion kommen, um dort ihre Konflikte friedlich lösen zu lassen; um dort ihre Streitigkeiten in einer Weise schlichten zu lassen, zu der alle Parteien Ja sagen können.
Ein wunderbares Bild tut sich auf: die Völker suchen die Weisung und das Recht der Tora Gottes, weil sie wissen, dort gilt nicht das Recht des Stärkeren, dort werden weder die einen an den Rand noch die anderen ins Meer gedrängt; dort wird ein Recht gesprochen, das alle zufrieden leben lässt.

Was berechtigt Jesaja zu dieser Hoffnung? Welche Gründe gibt er an? So sehr wir auch suchen mögen, Jesaja gibt keine Gründe an. Er stellt einfach fest. Es wird sein. Es wird geschehen. Nicht: es muss geschehen, oder es soll geschehen. Sondern: Es wird geschehen; es wird sein in den letzten Tagen, in der Späte der Tage, auf der Rückseite dieser Tage wird es geschehen.
Wir können nach Gründen spekulieren: Vielleicht werden manche Fragen eines Tages einfach übermächtig: Was ist denn gut geworden im Irak nach dem Krieg gegen Saddam Hussein? Was wird denn gut sein in Gaza und in Israel nach diesem 3. Krieg innerhalb weniger Jahre? Was wird gut sein in Afghanistan, im Osten der Ukraine? Vielleicht setzt sich irgendwann die Überzeugung durch, von der Mahatma Gandhi und Martin Luther King beseelt waren, dass der Friede kein Ziel ist, das zu erreichen jedes Mittel recht und heilig sein muss. Ja, dass es überhaupt keinen Weg hin zum Frieden gibt, sondern dass der Friede der Weg selbst ist.
Vielleicht ist aber Jesaja noch von etwas ganz anderem beseelt: gefangen nicht von den Blutströmen, die seit Kain und Abel die menschliche Geschichte durchziehen; sondern ergriffen von diesem noch früheren göttlichem „Und siehe, es war alles sehr gut“ ; beseelt von einer Güte, die das Leben hält trotz und über allen Abgründen.
Im Sichtbaren das Unsichtbare zu sehen - das war schon immer die Lebenskunst des Glaubens. Die Welt sehen wie sie ist und zugleich in und hinter ihr die Macht und Güte Gottes wahrnehmen.

„Viele Völker werden hingehen zum Berg des HERRN, dass er uns lehre seine Wege und wir wandeln auf seinen Steigen.“ Zum ersten Mal in der Geschichte taucht hier der Gedanke einer internationalen Rechtsordnung auf. Jesaja spricht von keinem jenseitigen paradiesischem Zustand. Die Völker haben ja weiterhin Konflikte und

Streit, aber sie lassen sich diese Konflikte lösen, lassen sich ihren Streit so schlichten, dass Gewalt und Krieg unnötig werden. Erst wenn alle zu einem Recht kommen, mit dem sie leben können, erst dann brauchen sie ihre Waffen nicht mehr; erst dann hören sie auf, das Kriegshandwerk zu lernen. Denn das gezielte und emotionslose Töten im Krieg muss ja gelernt werden; das versteht sich nicht von selbst. Das liegt uns nicht in den Genen. Dafür gibt es Trainings, regelrechte Lernprogramme, die dann, wenn die Völker die Weisungen der Tora annehmen, ebenso unnötig werden wie die Waffen selbst.

Schwerter zu Pflugscharen, Spieße zu Rebmessern. Jesaja wartet nicht auf bessere auf hoffnungsvollere oder günstigere Zeiten. Er sagt am Schluss zu seinen Landsleuten, zu der Gemeinde Gottes: „Kommt nun, ihr vom Hause Jakobs, lasst uns wandeln im Licht des Herrn.“ Jesaja sagt das nicht zu den anderen Völkern oder zu anderen Staaten. Er sagt das zu der Gemeinde Gottes. Sie kann schon vorangehen. Sie kann schon ein Zeichen setzen. Im Alltag, aber auch in den Gottesdiensten: Schwerter zu Pflugscharen - mit denen der Acker bearbeitet wird, auf dem das Brotgetreide wächst. Spieße zu Rebmessern, mit denen die Weintrauben geerntet werden. Wissen wir, was wir tun, wenn wir das Abendmahl feiern? Brot und Wein: das Abendmahl ist eine Inszenierung, ein Zeichen, ein Vorschein jener Welt, in der alle das gleiche Recht haben; in der alle Unterschiede zwischen den Menschen ihre trennende Wirkung verloren haben.
„Kommt, lasst uns wandeln im Licht des Herrn!“

„Das Licht leuchtet“

Das Volk, das im Finstern wandelt, sieht ein großes Licht, und über denen, die da wohnen im finsteren Lande, scheint es hell. Du weckst lauten Jubel, du machst groß die Freude. Vor dir wird man sich freuen, wie man sich freut in der Ernte, wie man fröhlich ist, wenn man Beute austeilt. Denn du hast ihr drückendes Joch, die Jochstange auf ihrer Schulter und den Stecken ihres Treibers zerbrochen wie am Tage Midians. Denn jeder Stiefel, der mit Gedröhn daher geht, und jeder Mantel, durch Blut geschleift, wird verbrannt und vom Feuer verzehrt. Denn uns ist ein Kind geboren, ein Sohn ist uns gegeben, und die Herrschaft ruht auf seiner Schulter; und er heißt Wunder-Rat, Gott-Held, Ewig-Vater, Friede-Fürst; auf dass seine Herrschaft groß werde und des Friedens kein Ende auf dem Thron Davids und in seinem Königreich, dass er es stärke und stütze durch Recht und Gerechtigkeit von nun an bis in Ewigkeit. (Jesaja, 9, 1-6a)

„Das Volk, das noch im Finstern wandelt -
bald sieht es Licht, ein großes Licht.
Heb in den Himmel dein Gesicht
und steh und lausche, weil Gott handelt.“

So beginnt eine Umdichtung dieser großen prophetischen Friedensschau. „Heb in den Himmel dein Gesicht und steh und lausche, weil Gott handelt.“ Wie die Hirten auf den Feldern von Bethlehem ihre Gesichter zum Himmel hingestreckt haben, so sollen auch wir es tun und stehen und lauschen und wissen oder ahnen: Das Licht leuchtet. Das Licht scheint, auch wenn es noch dunkel oder gar finster ist in uns selbst. Das Licht leuchtet, auch wenn unsere Augen noch verhangen sind. Es leuchtet, auch wenn uns die Finsternis mitunter undurchdringlich erscheint. Da ist das eigene Leid; der fremde Hunger; die Bomben, die wahllos töten; die Drohnen, die wie Scharfschützen aus heiterem Himmel kommen; die mörderischen Schüsse in Syrien oder Irak. Jenseits von allem Zynismus und jenseits aller Schönrednerei leuchtet das Licht. Jenes Licht, von dem uns oft nur ein blasser Schein erreicht; das Menschen aber mitunter auch für Augenblicke ganz und gar durchfluten kann. Dieses Licht, das noch verborgen leuchtet, es ist das Licht von Bethlehem und Golgatha zugleich. Es ist das Gotteslicht. Das Gotteslicht leuchtet in aller Finsternis.

Zur Zeit des Propheten Jesaja leuchtete es in der Finsternis, die die damalige Weltmacht der Assyrer über Teile des Volkes Israel gebracht hatte. Jesajas Hoffnung ging aber über die Befreiung von der assyrischen Unterjochung weit hinaus. Das große Licht, das er vor seinem inneren Auge gesehen hatte, das sollte jede Finsternis,

jedes Joch der Unterdrückung, jeden Militärstiefel auf immer und endgültig vertreiben auf dass „des Friedens kein Ende sei auf dem Throne Davids und in seinem ganzen Königreich.“
Tatsächlich aber wurden wie das bis heute meistens der Fall ist die einen Unterdrücker nur von den nächsten abgelöst. Auf die Assyrer folgten die Babylonier; auf die Babylonier die Perser und so weiter - bis irgendwann in der Zeit Jesu das große römische Imperium seine Finsternis über das ganze Israel ausgebreitet hatte.

Damals waren es die ersten kleinen christlichen Gruppen, die das große Licht, das Gotteslicht in dem Menschen Jesus von Nazareth gesehen hatten und wie magisch von ihm angezogen wurden. „Alles dies kam“, wie der atheistische Dichter Bertolt Brecht es einmal gesagt hat, „alles dies kam vom Gesicht dieses Menschensohnes, der leicht war, Gesang liebte, Arme zu sich lud, und die Gewohnheit hatte, unter Königen zu leben und einen Stern über sich zu sehen zur Nachtzeit.“
In seiner Gegenwart wurden Arme zu Königen, zu Menschen von Gottes Gnaden; in seiner Gegenwart hörten sie auf, von angeblich gnädiger Herablassung irgendeines Menschen zu leben; in seiner Gegenwart gerieten sie aus der Finsternis in das Licht - in das große, in das Gotteslicht.
In dieses Licht hat der Evangelist Lukas auch die Geburtsgeschichte Jesu, die Weihnachtsgeschichte getaucht. Das große Licht, das über denen scheint, die noch im Finstern wandeln; die noch im Schatten des Todes leben; das große Licht auf einmal im engen Stall von Bethlehem; das Gotteslicht auf einmal im Menschenkind.
„Heb in den Himmel dein Gesicht und steh und lausche, weil Gott handelt.“ Der Himmel ist nicht mehr oben. Der Himmel ist zur Erde gekommen - noch verborgen, noch untergründig erst. Und doch nimmt dieser Himmel, nimmt dieses Licht, das von unten glüht, Menschen schon gefangen. Die Hirten, denen der Himmel voller Licht war, die beugen auf einmal ihre Knie vor einem Kind in der Futterkrippe. Ihretwegen heißt es: „Zu einem Kind, das im Stall geboren, wird gebetet. Näher, niedriger kann kein Blick in die Höhe umgebrochen werden.“ (Ernst Bloch). Näher kommt uns der, der in der Höhe ist, als wir uns selbst nahe kommen können. Niedriger wird der, der in der Höhe ist, als einer von uns je erniedrigt werden könnte.
„Das Volk, das noch im Finstern wandelt - bald sieht es Licht, ein großes Licht.“ Denn schon ist uns ein Kind geboren, ein Sohn uns schon gegeben! „Wie zur Beschämung“, so sagt es Dietrich Bonhoeffer, „wie zur Beschämung der gewaltigsten menschlichen Anstrengungen und Leistungen wird hier ein Kind in den Mittelpunkt der Weltgeschichte gestellt. Ein Kind, von Menschen geboren; ein Sohn, von Gott gegeben.“ In diesem Kind, in diesem Einen: das Geheimnis des verborgenen Lichtes, das Geheimnis der Erlösung.

Auf die Assyrer als Unterdrücker folgten die Babylonier; auf die Babylonier die Perser; auf die Perser folgten die Griechen; auf die Griechen die Römer. „Die Herren dieser Welt gehen“, hat ein früherer Bundespräsident gesagt, „die Herren dieser Welt gehen, unser Herr kommt.“
„Denn die Herrschaft ruht auf seiner Schulter“ - mitten in den menschlichen Kämpfen um die Macht geht eine große Gelassenheit von diesem Satz aus: Die Herrschaft ruht auf seiner Schulter. Nicht erst später, sondern verborgen schon jetzt. Das Licht leuchtet in der Finsternis. Die Namen sind schon mehr als Schall und Rauch. Von ihnen geht Licht aus: Wunder-Rat: Liebt eure Feinde; tut wohl denen, die euch verfluchen. Seine Ratschläge sind es, die Wunder bewirken. Gott-Held: Wenn überhaupt, dann ist ER Held. Wir müssen keine Helden sein, weder der Arbeit noch auf dem Schlachtfeld. Wir dürfen Menschen sein; Menschen, die gottesbedürftig sind; die aber auch gottesfähig werden; die fähig werden, ihm selbst zur Seite zu stehen - in den Kleinen, in den Niedrigen, in der Erniedrigten.
Ewig-Vater wird er von Jesaja genannt, weil um seinetwillen Gott Vater seiner Menschen bleibt, auch wenn er Kind und klein in dieser Welt wird. Und in dem allen: Friedensfürst, Fürst eines Friedens, den wir nicht herstellen, aber den wir auch nicht zerstören können. Und ohne den Frieden auf Erden doch nicht sein kann.

„Das Volk, das noch im Finstern wandelt - bald sieht es Licht, ein großes Licht.“ Das Licht leuchtet, auch wenn unsere Augen noch gehalten sind. „In mir ist es finster, aber dein Licht fällt auch auf mich“, heißt es in einem Gebet, das Bonhoeffer im Gefängnis geschrieben hat. Und am Ende dieses Gottesdienstes wird es heißen: „Das Licht von Bethlehem scheine in unsere Herzen und dringe vor in alle Welt.“

Gefundene suchen

Suchet den HERRN solange er zu finden ist; rufet ihn an, solange er nahe ist. Der Gottlose lasse von seinem Wege und der Übeltäter von seinen Gedanken und bekehre sich zum HERRN, so wird er sich seiner erbarmen, und zu unserem Gott, denn bei ihm ist viel Vergebung. Denn meine Gedanken sind nicht eure Gedanken, und eure Wege sind nicht meine Wege, spricht der HERR, sondern so viel der Himmel höher ist als die Erde, so sind auch meine Wege höher als eure Wege und m eine Gedanken als eure Gedanken. Denn gleichwie der Regen und Schnee vom Himmel fällt und nicht wieder dahin zurückkehrt, sondern feuchtet die Erde und macht sie fruchtbar und lässt wachsen, dass sie gibt Samen, zu säen, und Brot, zu essen, so soll das Wort, das aus meinem Munde geht, auch sein: Es wird nicht wieder leer zu mir zurückkommen, sondern wird tun, was mir gefällt, und ihm wird gelingen, wozu ich es sende. Denn ihr sollt in Freuden ausziehen und im Frieden geleitet werden. Berge und Hügel sollen vor euch her frohlocken mit Jauchzen und alle Bäume auf dem Feld in die Hände klatschen. Es sollen Zypressen statt Dornen wachsen und Myrten statt Nesseln. Und dem HERRN soll es zum Ruhm geschehen und zum ewigen Zeichen, das nicht vergehen wird. (Jesaja 55, 6 – 13)

In einer ostjüdischen Anekdote wird von einem kleinen Jungen erzählt, der in Tränen aufgelöst zu seinem Großvater in die Stube gerannt kommt. „Warum weinst du?“ – „Mein Freund ist gemein“, antwortet der Enkelsohn. „Er ist unfair. Wir haben Verstecken gespielt. Ich musste mich verstecken, und er war dran, mich zu suchen.

Aber ich hatte mich gut versteckt; so gut, dass er mich nicht finden konnte. Da hat er aufgegeben; er hörte einfach auf, mich zu suchen und ist nach Hause verschwunden. Und das ist gemein.“ Da – so erzählt es die Anekdote – da traten auch dem Großvater die Tränen in die Augen. „So ist es auch mit Gott“, flüsterte er seinem Enkelsohn leise zu. „Stell dir seinen Schmerz vor. Er hat sich versteckt, und die Menschen suchen ihn nicht. Verstehst du? Gott versteckt sich, und der Mensch sucht ihn nicht einmal.“

„Suchet den Herr, solange er zu finden ist; ruft ihn an, solange er nahe ist.“ – Sie aber gehen, wenn es schwierig wird, einfach nach Hause; und dann haben sie nur noch sich selbst im Kopf: das eigene Leid oder das eigene Glück; die eigene Verzweiflung oder den eigenen Stolz; nur noch sich selbst; die eigenen Wege und die eigenen Gedanken und Pläne. „Stell dir seinen Schmerz vor“, sagt der Großvater. „Stell dir sein Glück vor“, würde umgekehrt jener unbekannte Prophet aus der Zeit des babylonischen Exils sagen: stellt euch sein Glück vor, wenn ER gesucht würde und sich finden lassen könnte. Stellt euch sein Glück vor, wenn die Menschen aufhörten die Spielverderber, diese Kaputtmacher im Spiel Gottes mit seiner Schöpfung zu sein. „Suchet den Herrn, solange er zu finden ist." Oder „weil" er zu finden ist; oder „jetzt, da" er zu finden ist; oder wörtlich übersetzt: suchet den Herrn in seinem Sich-Finden-Lassen. Rufet ihn an in seinem Nahe-Sein.

Kurz vor ihrem Tod hat die Theologin Dorothee Sölle in ihrem letzten Vortrag gesagt: „Wir beginnen den Weg zum Glück nicht als Suchende, sondern als schon Gefundene." Auch die Gottessuche beginnen wir als solche, die schon lange zuvor von ihm gefunden sind. Sonst wäre alle Suche von vornherein sinnlos; wäre alle Suche von vornherein zum Scheitern verurteilt. Denn Gott ist nie und nimmer das Objekt unserer Suche. Ihn gibt es nicht wie es irgendetwas in unserer Welt gibt. „Es gibt einen Himalaya und es gibt einen Bodensee" hat Dietrich Bonhoeffer einmal gesagt, „aber Gott gibt es nicht." Ja, einen Gott, den es gibt, den kann es gar nicht geben. Auch bei den Propheten des Exils, bei den Propheten, die zu den Menschen in der Babylonischen Gefangenschaft gesprochen haben, in der Gotteserfahrung dieser Propheten ist Gott nicht einfach da wie es die sichtbaren und triumphierenden Gottheiten Babels sind. Aber er ist auch nicht einfach abwesend wie es die müde gewordenen Juden in ihrer Gefangenschaft fern von Jerusalem gemeint hatten.

Gott lässt sich finden auch in der Fremde, auch dort, wo wir nicht zuhause sind; auch in einer Welt, in der so wenig zu seinen Gunsten spricht. Er lässt sich finden. Aber er braucht auch Menschen, die ihn suchen. „Der Gottlose lasse von seinem Wege und der Übeltäter von seinen Gedanken und bekehre sich zum Herrn…" Diejenigen, die wissen, dass Gott ihnen nahe ist; dass sie längst von ihm Gefundene sind, die sollen sich abkehren von ihrem selbstgemachten Götzen; von allem, was sie zu ihrem Gott erhoben haben. So wie die Israeliten in der Babylonischen Gefangenschaft sich abkehren sollen von den Götzen des großen und mächtigen Babylons. Sie waren die sichtbaren Sieger der Geschichte. Sie waren die Garanten der militärischen Macht und der wirtschaftlichen Stärke. Sie waren und sind das Symbol für ungebremsten Fortschritt auf allen Gebieten; sie verheißen Glück, Gesundheit, uneingeschränkte Mobilität; sie verheißen Demokratie und Freiheit und produzieren Verderben, Krieg und die Zerstörung der Schöpfung.

„Der Gottlose lasse von seinem Weg und der Übeltäter von seinen Gedanken" - der unbekannte Prophet aus der Zeit der babylonischen Gefangenschaft ist der Überzeugung, dass wir nicht die Gefangenen unserer Taten bleiben müssen; dass wir nicht dazu verurteilt sind, nur das zu empfangen, was wir verdient haben, sondern dass wir umkehren können – denn bei ihm, bei Gott – so sagt er – ist viel Vergebung. Und Seine Gedanken sind nicht unsere Gedanken und Seine Wege nicht unsere Wege.

Von Anbeginn der biblischen Menschheitsgeschichte, wo Gott den Mörder Kain gegen alles menschliche Gerechtigkeitsgefühl durch das Kainszeichen vor Vergeltung schützt – von Anbeginn sind Seine Wege anders als die Menschenwege. Und der Prophet Jona, der das Gericht über Ninive verkündigen soll, sagt empört: „Ich wusste ja, dass du gnädig, barmherzig, langmütig und von großer Güte bist, und dich des Übels gereuen lässt.“ Mit einem solchen Gott, der in seiner Gnade und Vergebungsbereitschaft unberechenbar ist, mit einem solchen Gott will Jona nichts zu tun haben.

„Meine Gedanken sind nicht eure Gedanken und meine Wege sind nicht eure Wege.“ Dieses Wort soll uns heute aber auch davor bewahren, Gott zu einem kleinen, handlichen, immer vergebenden, immer lieben Schmusetier zu machen, das unter der Hand vom handelnden Subjekt zum religiös preisgünstig gehandelten Objekt wird. Denn seine Gedanken sind nicht unsere Gedanken. Oder wie wir es aus der Epistel gehört haben: „Das Wort Gottes ist lebendig und wirksam und schärfer als jedes zweischneidige Schwert, ... es ist ein Richter der Gedanken und Regungen des Herzens; vor ihm ist nichts verborgen, sondern es liegt alles nackt und aufgedeckt vor seinen Augen.“ Es ist wirksam und lebendig, weil vor ihm niemand etwas verbergen *muss;* weil vor einem Gott, der – wie es im Johannesbrief heißt – größer ist als unser Herz – weil vor solch einem Gott niemand sich schämen muss. Aber es ist auch wirksam und lebendig, weil vor ihm nichts verborgen werden *kann:* kein Unrecht und keine götzenhafte Anmaßung, die sich an seine Stelle setzen will. Gottes Wort ist ein Wort der Vergebung, aber es ist trotzdem allen denen überlegen, die diese Vergebung nicht benötigen. Sein Wort ist wirksam; es kehrt nicht leer zu ihm zurück. Auch wenn der Auszug der Deportierten aus der babylonischen Gefangenschaft und ihre Heimkehr nach Jerusalem sich nicht wie in einem Triumphzug vollzogen; auch wenn Berge und Hügel noch nicht frohlockt und die Bäume noch nicht in die Hände geklatscht haben – dieser Auszug wurde dennoch, wie es der unbekannte Prophet am Ende sagt, zu einem „Zeichen, das nicht vergeht.“

500 Jahre nach dieser Exilzeit hat es geheißen: „Und das Wort ward Fleisch und wohnte unter uns.“ Seitdem nistet es sich ein in Menschenherzen und hält sie wach und unruhig und lässt sie suchen bis sie zurückgebracht werden in jenes andere Jerusalem, in jenes Jerusalem, das nicht von Händen gemacht ist.

Verschlossene Türen?

Dann wird das Himmelreich gleich sein zehn Jungfrauen, die ihre Lampen nahmen und gingen aus, dem Bräutigam entgegen. Aber fünf unter ihnen waren töricht, und fünf waren klug. Die törichten nahmen ihre Lampen; aber sie nahmen nicht Öl mit sich. Die klugen aber nahmen Öl in ihren Gefäßen samt ihren Lampen. Da nun der Bräutigam lange ausblieb, wurden sie alle schläfrig und schliefen ein. Zur Mitternacht aber ward ein Geschrei: Siehe, der Bräutigam kommt; gehet aus, ihm entgegen! Da standen diese Jungfrauen alle auf und machten ihre Lampen fertig. Die törichten aber sprachen zu den klugen: Gebt uns von eurem Öl, denn unsere Lampen verlöschen. Da antworteten die klugen und sprachen: Nein, sonst würde es für uns und für euch nicht genug sein; gehet aber hin zu den Krämern und kaufet für euch selbst. Und da sie hingingen zu kaufen, kam der Bräutigam; und die bereit waren, gingen mit ihm hinein zur Hochzeit, und die Tür ward verschlossen. Zuletzt kamen auch die anderen Jungfrauen und sprachen: Herr, Herr, tu uns auf! Er antwortete aber und sprach: Ich kenne euch nicht. Darum wachet! Denn ihr wisset weder Tag noch Stunde. (Matthäusevangelium 25, 1-13)

„Dann wird das Himmelreich gleich sein zehn Jungfrauen, …und die bereit waren, gingen mit ihm hinein zur Hochzeit."

Und da drinnen hinter der Tür tanzen sie und sind fröhlich und feiern Hochzeit, der Bräutigam und die Braut und alle die anderen. Einen kurzen Blick nur durch den Türspalt gestattet uns das Gleichnis Jesu; einen kurzen Blick nur ins Reich der abgewischten Tränen; dorthin, wo keine Angst mehr ist und kein Leid noch Geschrei und wo der Tod nicht mehr ist. Nur ein kurzer Blick durch den Türspalt ist uns gestattet. Hochzeit: das Fest der Vereinigung, Gott und die Menschen in eins, die Hütte Gottes bei den Menschen. Nur dieser kurze Blick wird uns gestattet - dann fällt die Tür wieder ins Schloss und wir stehen draußen und säen mit Tränen wie der Psalm es sagt, den wir gerade gesprochen haben. Noch sind wir ja nicht dort, wo wir nichts mehr fragen werden; noch stehen wir draußen und wissen so wenig: Wo sind die Gestorbenen? Warum die einen alt und lebenssatt und manche gar voller Überdruss und andere vor ihrer Zeit, sinnlos abgebrochen und unerfüllt? Und was wird aus uns, den Lebenden? Was wird uns erwarten? Und was können wir erwarten?

Die verschlossene Tür in Jesu Gleichnis steht nicht einfach für eine verpasste Gelegenheit oder für irgendein Zuspät. Hat Jesus selbst doch von sich gesagt: „Ich bin die Tür, wer durch mich eingeht, der wird gerettet werden." Die verschlossene

Tür - sie steht für ein hinter ihr verborgenes Geheimnis. Im Märchen zeigt die verschlossene Tür ja an: Hier ist der Zugang. Hier ist das Tor zu jener anderen Welt. Und alles käme darauf an, den Schlüssel zu finden, der diese Tür öffnet. Und wenn Jesus zu Beginn sagt: „Das Himmelreich ist gleich 10 Jungfrauen...“, dann meint er offenbar, dass dieser Schlüssel hier in seinem Gleichnis zu finden ist; ja, dass sein Gleichnis selbst zum Schlüssel werden soll für diese Tür und für das hinter ihr verborgene Geheimnis.

„Dann wird das Himmelreich gleich sein 10 Jungfrauen, die ihre Lampen nahmen und gingen aus, dem Bräutigam entgegen.“ An ihnen also, an diesen 10 jungen Frauen sollen wir sehen, was es heißt, nicht dem alles verschlingenden Tod, sondern dem Bräutigam entgegen zu gehen. Und auf diesem Weg gibt es nur zwei Möglichkeiten. Und merkwürdiger Weise nicht etwa gut sein oder böse sein, sondern klug sein oder töricht sein. Etwas Drittes ist nicht drin. Etwas Drittes gibt es nicht. Fünf sind töricht und fünf sind klug. Fünf zu Fünf unentschieden. So scheint es jedenfalls. Aber wer Ohren hat zu hören, der bleibt nicht abwartend in der Schwebe. Der hat sich schon entschieden, bevor die Geschichte richtig beginnt; der hat sich schon an die Seite der Klugen gestellt. Denn dahin will Jesus uns ja haben - freilich ohne mit dem Finger auf die zu zeigen, die zu den anderen Fünf gehören.

Klug sein oder töricht sein. Nur das Öl für die Lampen, das die einen mitnehmen und die anderen nicht, macht den Unterschied, der so viel Gewicht erhält, dass man fast schon Mitleid bekommt mit diesen Törichten. Aber noch wissen wir ja gar nicht, was dieser Unterschied noch alles bewirken wird. Und außerdem spielt er lange Zeit keine Rolle - solange bis in der Nacht auf einmal das Freudengeschrei ertönt: Der Bräutigam kommt! Da erst können die Törichten ihre Fackeln nicht anzünden, und ohne Licht können sie in der Nacht dem Bräutigam nicht entgegen ziehen, können sie nicht mit ihm gehen und einkehren in seinem Haus. Da sehen wir sie gerade noch von der Bildfläche des Gleichnisses verschwinden und sehen, wie sie zum Krämer laufen, und wir folgen ihnen nicht, weil wir ahnen, das muss ein Irrweg sein. In Fragen des Lebens, in Fragen, bei denen alles auf dem Spiel steht, kann es kein Kaufen und Handeln und Verkaufen geben. Die Augen der Zuhörer und Zuschauer folgen den anderen Fünf und da sehen sie, wie der Bräutigam kommt und wie sie alle hineingehen mit ihm zur Hochzeit und wie die Tür hinter ihnen ins Schloss fällt. Und auch die Zuhörer von Jesu Gleichnis und auch wir alle bleiben draußen, bleiben außen vor und stehen dort mit den später Ankommenden vor der verschlossenen Tür. Da muss es Furcht gewesen sein, die die Zuhörer Jesu ergriffen hat, untergründige Furcht: Für immer und ewig ausgeschlossen? Am Ende alles umsonst? Ein ganzes Leben umsonst?

Meister Eckehardt, der mittelalterliche Mystiker hat diese Furcht einmal in Worte gefasst und sie zugleich verwandelt:

„Gott ist allezeit bereit,
wir aber sind unbereit;
Gott ist uns nahe,
wir aber sind ihm fern;
Gott ist drinnen,
wir aber sind draußen“

Vielleicht besteht die Torheit darin, dass wir uns Illusionen machen; dass wir denken, wir seien bereit und sind doch unbereit. Die Möglichkeiten der modernen Medizin haben dazu geführt, dass wir uns einen schnellen Tod wünschen; dass wir uns ein Sterben wünschen, vor dem frühere Generationen bewahrt sein wollten. Der schnelle Tod, das war einmal der Tod, der die Menschen unvorbereitet traf. Heute möchten wir am liebsten unvorbereitet sein. Von einem auf den anderen Augenblick möchten wir sterben. Für das Geborenwerden haben wir 9 Monate Zeit; aber für das Sterben soll am liebsten gar keine Zeit da sein.

„Gott ist allezeit bereit,
wir aber sind unbereit.“

Vielleicht besteht die Torheit in einer gewissen Kurzsichtigkeit, gar nicht mal in der fehlenden Nächstenliebe oder im mangelhaften Tun. Denn die Torheit ist sich in einem bestimmten Sinne selbst sicher. Sie hat keine Sehnsucht mehr; sie ist sich selbst genug; sie ist nicht bereit, nicht auf dem Sprung. Sie hat nichts, was ihre Sehnsucht am Brennen hält; diese Sehnsucht nach Gott, nach dem Einssein mit ihm; nach einer Erde, auf der kein Leid ist noch Geschrei; nach der Hütte Gottes bei den Menschen. Die Torheit hat keine Sehnsucht mehr. Sie ist sich selbst genug. Und was wären wir ohne Sehnsucht und ohne Hoffnung?

„Ich kenne euch nicht“, sagt der Bräutigam in Jesu Gleichnis. „Ich kenne euch nicht“ - weil wir dann nicht mehr wir selbst wären; weil wir dann ganz und gar unkenntlich geworden wären.

„Gott ist uns nahe,
wir aber sind ihm fern.
Gott ist drinnen,
wir aber sind draußen.“
Gib deiner Sehnsucht Öl, damit sie brennen kann, sagt dieses Gleichnis denen, die noch fern sind; die noch draußen sind; die aber schon einmal die Türe einen Spalt

weit offen gesehen haben; die schon einmal hineingeblickt haben in dieses Reich der abgewischten Tränen. Gib deiner Sehnsucht Öl, weil wir wissen, auch wenn wir fern sind, Gott ist nahe, nicht bloß später, sondern jetzt und hier ist er nahe.

Schatzsuche

Und da er hinausging auf den Weg, lief einer herzu, kniete vor ihm nieder und fragte ihn: Guter Meister, was soll ich tun, dass ich das ewige Leben ererbe? Aber Jesus sprach zu ihm: Was heißest du mich gut? Niemand ist gut als allein Gott. Du weißt die Gebote: Du sollst nicht töten; du sollst nicht ehebrechen; du sollst nicht stehlen; du sollst nicht falsch Zeugnis reden; du sollst niemand berauben; ehre Vater und Mutter.
Er aber sprach zu ihm: Meister, das habe ich alles gehalten von meiner Jugend auf. Und Jesus sah ihn an und liebte ihn und sprach zu ihm: Eins fehlt dir. Gehe hin und verkaufe alles, was du hast, und gib´s den Armen, so wirst du einen Schatz im Himmel haben, und komm, folge mir nach. Er aber ward unmutig über das Wort und ging traurig davon; denn er hatte viele Güter. Und Jesus sah um sich und sprach zu seinen Jüngern: Wie schwer werden die Reichen in das Reich Gottes kommen! Die Jünger aber entsetzten sich über seine Worte. Aber Jesus antwortete wiederum und sprach zu ihnen: Liebe Kinder, wie schwer ist´s ins Reich Gottes zu kommen. Es ist leichter, dass ein Kamel durch ein Nadelöhr gehe, als dass ein Reicher ins Reich Gottes komme. Sie aber entsetzten sich noch viel mehr und sprachen untereinander: Wer kann dann selig werden? Jesus aber sah sie an und sprach: Bei den Menschen ist´s unmöglich, aber nicht bei Gott; denn alle Dinge sind möglich bei Gott.
(Markus 10,17-27)

„Eines fehlt dir. Gehe hin und verkaufe alles, was du hast, und gib´s den Armen. So wirst du einen Schatz im Himmel haben, und komm, folge mir nach!"
Diese Geschichte kann uns sehr ratlos zurücklassen.

Wen meint Jesus mit seiner Aufforderung alles zu verkaufen? Nur diesen einen Menschen, der ihn nach dem wahrhaftigen Leben fragt? Oder meint er alle, die ihm nachfolgen wollen? Meint er also auch uns? Jeden einzelnen? Vielleicht sogar die Kirche als ganze? Erlässt Jesus hier also so etwas wie ein elftes Gebot? Du sollst alles verkaufen, was du hast und es den Armen geben!? Die Kirche hat immer die größten Schwierigkeiten mit der Auslegung dieser Geschichte gehabt. Und auch wir dürfen nicht erwarten, sie heute Morgen endgültig zu erfassen.
Wen meint Jesus hier? In der alten und mittelalterlichen Kirche hatte man gesagt, Jesus formuliere hier kein Gebot, das sich an alle Christen richtet, sondern er gebe jenen einen Ratschlag, die sich zu einem besonderen Leben im Kloster berufen wissen.
Martin Luther hat diese Zweiteilung der Christen in normale und besondere bekanntlich abgelehnt. In einer Predigt sagt er, man müsse dieses Gebot geistlich verstehen, d.h. wir sollen in innerer Distanz zu unserem Eigentum leben, und wir sollen im Konfliktfall bereit sein, um des Bekenntnisses willen in einer Zeit der Verfolgung unser Eigentum aufzugeben.
Franz von Assisi dagegen hat diese Geschichte dazu gebracht, auf seinen Reichtum und überhaupt auf allen Besitz zu verzichten und Jesus sozusagen mit leeren Händen nachzufolgen. Und Dietrich Bonhoeffer hat Jesu Wort als eine radikale Forderung an die Kirche verstanden: „Die Kirche ist nur Kirche, so hat er im Gefängnis geschrieben, wenn sie für andere da ist. Um einen Anfang zu machen, muss sie alles Eigentum den Notleidenden schenken. Die Pfarrer müssen ausschließlich von den freiwilligen Gaben der Gemeinden leben, eventuell einen weltlichen Beruf ausüben.“

Natürlich ist Bonhoeffer mit seiner Forderung in der Kirche auch nicht ansatzweise durchgedrungen. Im Gegenteil. Diese Geschichte hat die evangelische Kirche in Deutschland nicht davon abgehalten, eine der reichsten Kirchen auf dieser Welt zu werden.
Wen also meint Jesus hier? Und worum geht es überhaupt in dieser Geschichte? „Und da er hinausging auf die Straße, lief einer herzu, kniete vor ihm nieder und fragte ihn: Guter Meister, was soll ich tun, damit ich Anteil am ewigen Leben erhalte?“
Auch wenn wir gewohnt sind, diese Geschichte als die vom reichen Jüngling zu hören – am Anfang wissen wir noch gar nichts von diesem Menschen. Es ist einer, irgendeiner, ein Mensch kommt zu Jesus. Und noch bevor er seine Frage stellt, fällt er auf die Knie, nennt Jesus einen guten Meister und macht damit deutlich, dass es ihm nicht um irgendeine Meinung geht, sondern um eine Antwort, die sein gesamtes Leben betreffen soll. Anteil am ewigen Leben! Anteil also an etwas Unvergänglichem, an etwas Unzerstörbarem; Anteil an einem Leben, das nicht ins

Leere läuft; das nicht an sich selbst erstickt; Anteil an einem Leben, das keine Angst mehr um sich selbst haben muss.

Aber dann klingt es sofort, als weise Jesus diesen Fragsteller brüsk zurück: „Was nennst du mich gut? Niemand ist gut als Gott allein." Eine Zurückweisung und doch schon so etwas wie eine erste Antwort auf die Frage nach unvergänglichem Leben. Denn Jesus verweist diesen Menschen an das erste Gebot, an das Bekenntnis Israels: „Höre Israel, der Herr, unser Gott, ist allein der Herr." ER allein ist gut; ER allein ist Gott. Jesus ist nicht Gott – was immer auch die Frömmigkeitsgeschichte aus ihm gemacht hat: er selbst hat sich nicht Gott gleich gemacht.
So wird mit dieser Zurückweisung der Fragesteller dorthin verwiesen, wohin er gehört: zu dem, den allein er lieben soll von ganzem Herzen, von ganzer Seele und von ganzem Gemüt. Und Jesu Antwort geht weiter: „Du kennst die Gebote: Du sollst nicht töten, nicht ehebrechen; du sollst nicht stehlen; du sollst nicht falsch Zeugnis reden; du sollst niemanden berauben; ehre Vater und Mutter."
Auf die Frage nach dem unvergänglichen Leben kommt keine besondere Antwort, keine Bündelung der Lebenserfahrung dieses Rabbis vielleicht, keine irgendwie geartete Geheimlehre, sondern der schlichte Hinweis auf das Selbstverständliche, auf die Gebote Gottes; auf das also, was dieser fragende Mensch sicher von Kind auf gelernt hat.
Vielleicht klingt deshalb die Reaktion des Fragestellers irgendwie verblüfft oder vielleicht auch enttäuscht. Ob er sich mehr und anderes erwartet hatte?
„Er aber sprach zu ihm: Rabbi, das habe ich alles gehalten von meiner Jugend auf."
Vielleicht denkt mancher spontan: Das geht doch gar nicht. Das schafft doch keiner, immer alle 10 Gebote zu halten. Aber das jüdische Verständnis der Gebote unterscheidet zwischen den Taten und den Gedanken. Für die Gebotserfüllung kommt es allein auf die Taten an. Und deshalb dürfen wir davon ausgehen, dass dieser Mensch tatsächlich ehrlich und aufrichtig antwortet. Er hat nicht getötet, ist in keine fremde Ehe eingebrochen, hat nicht vor Gericht falsch ausgesagt, hat andere nicht übervorteilt und hat seine Eltern respektvoll behandelt.
Und Jesu Reaktion lässt keinen Zweifel daran, dass hier kein Heuchler spricht. „Da blickte Jesus ihn an, gewann ihn lieb und sprach zu ihm: Eins fehlt dir."
Jesus gewann ihn lieb. An kaum einer anderen Stelle der Evangelien wird ausgesprochen, was Jesus hier tut und empfindet: Er liebte ihn. Und das heißt ja auch: Er will ihm nichts Böses. Er missgönnt ihm nichts. Er will ihm nichts wegnehmen. Im Gegenteil. Er will ihm alles geben, was zu geben er imstande ist. Er gewann ihn lieb und sagte zu ihm: Eines fehlt dir noch. Jesus sieht hier die Sehnsucht dieses Menschen nach dem Anteil am unvergänglichen Leben, sieht das Ungenügen, das er

empfindet trotz eines untadeligen Lebens. Das Gefühl, das einem das Leben zerrinnt, das man trotz allem noch gar nicht wirklich zu leben begonnen hat.
Jesu weitere Antwort ist bestechend einfach und verwirrend zugleich: „Eins fehlt dir noch. Geh hin und verkaufe alles, was du hast und gib es den Armen. Und du wirst einen Schatz im Himmel haben und dann komm und folge mir nach."
Einfach und doch für unsere Ohren sehr weltfremd.
Gilt diese Aufforderung allein diesem einen reichen Mann oder gilt sie allen, also auch uns? Erlässt Jesus hier also zusätzlich zu den 10 Geboten ein weiteres, ein elftes, spezifisch jesuanisches Gebot? Und meint Jesus, dass ihm nur nachfolgen könne, wer arm ist? Oder gilt diese Voraussetzung wiederum nur diesem einen reichen Mann?
Die meisten Ausleger sind sich einig, dass Jesus hier kein neues allgemeines Gebot erlässt, sondern dass es ihm darum geht, dass wir schon jetzt, in diesem Leben Anteil an dem ewigen, an dem zukünftigen Leben bekommen; schon jetzt das Leben so führen, dass es einen Vorgeschmack auf den Himmel spüren lässt. „Geh hin", bekommt dieser eine Mensch gesagt, „verkaufe alles, was du hast und gib es den Armen." Dann beginnst du zu leben; dann schmeckst du eine Freiheit, die dir jetzt noch fremd ist; dann brauchst du dich nicht mehr ums ewige Leben zu sorgen, dann lebst du es ja schon. Wenn du nichts mehr hast, was du um alles in der Welt festhalten musst, dann bist du frei; dann kannst du das Reich Gottes empfangen wie ein Kind. Alles verkaufen! Das ist jedenfalls das Eine, was diesem einen fehlt. Aber es bleibt die Frage, ob dieses Eine auch das ist, was allen fehlt, die Jesus nachfolgen wollen? Meint Jesus hier, dass man arm und besitzlos sein muss, um ihm nachfolgen zu können? Oder geht es ihm um eine Freiheit, die aus dem ersten Gebot erwächst – um eine Freiheit, die sich dann einstellt, wenn man nichts Endliches, nichts Vergängliches zu seiner letzten Instanz, zu seinem Gott macht – gemäß dem Wort Martin Luthers „woran du nun dein Herz hängst, das ist in Wahrheit dein Gott"?

„Er aber war ganz niedergeschlagen über die Antwort und ging traurig davon, denn er hatte viele Güter." Erst jetzt erfährt der Leser des Evangeliums, dass Jesu Fragesteller ein reicher Mann war. Und man wird sich fragen, ob es einem, der wenig besitzt, womöglich leichter fallen wird, Jesus auf seinem Armutsweg zu folgen.
Jesu Jünger allerdings sind entsetzt über diesen Ausgang der Geschichte: „Wie schwer", sagte Jesus, „werden die Reichen in das Reich Gottes hineinkommen! Da erschraken die Jünger über seine Worte. Jesus aber fing wieder an und sagte: Kinder, wie schwer ist es, in das Gottesreich hineinzukommen. Es ist leichter, dass ein Kamel durchs Nadelöhr geht, als dass Reiche in das Gottesreich hineinkommen." Der reiche Mensch ging traurig davon. Für ihn war das eine einfache und klare Geschichte, auch

wenn sie traurig endet. Er weiß, dass er mit anderen Worten Jesu gesagt, nicht Gott dienen kann und dem Mammon.
Warum aber bleiben wir? Weil wir nicht so reich sind? Weil diese Geschichte eigentlich eine Berufungsgeschichte ist, und Berufungen immer an einzelne ergehen, aber nicht an eine Allgemeinheit? Weil wir also gar nicht gemeint sind?
Auf der anderen Seite können wir auch wissen, dass das Geld auch auf weniger Besitzende eine magische und durchaus versklavende Kraft ausüben kann.
Und es ist ja nicht so, dass Jesus hier die Reichen als moralisch minderwertig über die Armen erheben würde.
Zwar ist es schwer für Besitzende in das Reich Gottes hineinzukommen, „aber es ist keinem Kamel verboten durch ein Nadelöhr zu gehen“ wie Jürgen Ebach in einer Bibelarbeit sagte.
Warum also bleiben wir? Weil wir davon ausgehen, dass Jesus den reichen Mann auch dann noch lieben wird, nachdem der sich abgewandt hatte? Oder hoffen wir auf Jesu Antwort, die er den Jüngern auf die Frage gibt, wer denn dann noch selig werden könne? Auf Jesu Antwort: „Bei den Menschen ist es unmöglich, aber nicht bei Gott; denn alle Dinge sind möglich bei Gott.“
Natürlich kann man diesen Satz auch in einem zynischen Sinne verstehen. Dann würde er bedeuten: Wir mehr oder weniger Reichen bleiben bei unserem Besitz und werden doch selig, denn bei Gott sind ja alle Dinge möglich.
Aber Gott lässt sich bekanntlich nicht für jede Hartherzigkeit in Anspruch nehmen. Dieser Satz kann ja höchstens eine Erinnerung daran sein, dass Gottes Barmherzigkeit weiter reicht als unsere Angst; dass Gott nicht aufhört für jene da zu sein, die sich von ihm abwenden.
„Alle Dinge sind möglich bei Gott.“ Deshalb heißt es auch: „Alle Dinge sind möglich dem, der glaubt.“ Und deshalb soll auch niemand sich selbst aufgeben, sondern von sich sagen, dass selbst so ein Kamel wie ich durch das Nadelöhr Christi passen wird.

(In diese Predigt sind Gedanken und Formulierungen aus Jürgen Ebachs Bibelarbeit zur Stelle eingegangen).

Von Sinnen

Es begab sich aber, da sie auf dem Wege waren, sprach einer zu ihm: Ich will dir folgen, wo du hingehst. Und Jesus sprach zu ihm: Die Füchse haben Gruben, und die Vögel unter dem Himmel haben Nester; aber des Menschen Sohn hat nicht, wo er sein Haupt hinlege. Und er sprach zu einem anderen: Folge mir nach! Der sprach aber: Erlaube mir, dass ich zuvor hingehe und meinen Vater begrabe. Aber Jesus sprach zu ihm: Lass die Toten ihre Toten begraben; gehe du aber hin und verkündige das Reich Gottes! Und ein anderer sprach: Herr, ich will dir nachfolgen; aber erlaube mir zuvor, dass ich Abschied nehme von denen, die in meinem Hause sind. Jesus aber sprach zu ihm: Wer seine Hand an den Pflug legt und sieht zurück, der ist nicht geschickt zum Reich Gottes. (Lukasevangelium 9, 57-62)

Wenn Maria einen Brief an ihren Sohn Jesus geschrieben hätte, dann hätte es darin ungefähr so lauten können:
„Jetzt ist es schon zwei Jahre her, dass du uns verlassen hast. Du weißt, dass Vater kürzlich gestorben ist. Du aber hast es nicht für nötig gehalten, wenigstens zur Beerdigung zu kommen. „Lasst die Toten die Toten begraben“, hast du uns geschrieben. Hast du die heiligsten Pflichten eines Juden vergessen? Wir finden dein Verhalten empörend. Was denkst du dir eigentlich? Steht nicht im Gesetz, du sollst Vater und Mutter ehren? Aber was machst du? Du kümmerst dich einen Dreck um deine Familie! Denkst du nicht wenigstens mal an deine Mutter, die jetzt Witwe ist? Bis du eigentlich immer noch bei diesem verrückten Johannes dem Täufer? Bei diesem Honigfresser und Beschimpfer der Regierung? Ihr predigt, dass das Reich Gottes kommt, dass Frieden und Gerechtigkeit unter den Menschen ausbrechen sollen - und was bringst du in deine Familie? Nichts als Unfrieden!
Wir haben gehört, dass du dich sogar von diesem Johannes hast taufen lassen. Soll das bedeuten, dass du jetzt endgültig mit deinem bisherigen Leben gebrochen hast? Wer wird Vaters Werkstatt weiterführen? Wovon lebst du eigentlich? Wir haben immer ehrlich gearbeitet! Und was machst du?“

Auch wenn dieser Brief nie geschrieben worden ist, eins wissen wir sicher: Die eigenen Angehörigen, Maria, seine Mutter, seine Geschwister haben ihn für verrückt erklärt. „Er ist von Sinnen“, sagen sie Markus 3 lapidar. Und was die Familien der Fischer am See Genezareth von diesem Jesus gehalten haben, der ihre Männer und Söhne, ihre Töchter, Frauen und Väter um sich scharte, das kann man sich leicht ausmalen. Das werden keine sehr freundlichen Gedanken und Gefühle gewesen sein. „Der Menschensohn hat nicht, wohin er sein Haupt lege.“ - „Lass die Toten die Toten

begraben." – „Wer seine Hand an den Pflug legt und zurück blickt, der ist nicht geschickt zum Reich Gottes."
Wie schützt man sich gegen einen solchen Text, der Heimatlosigkeit empfiehlt, der heilige Pflichten verletzt, der menschliche Bindungen abrupt zerstört? Und ja auch uns nicht nur verunsichert, sondern in Frage stellt, die wir doch diesem Jesus in welcher Form auch immer nachfolgen wollen. Darüber hinaus: Erinnern diese Sätze uns nicht an jene jungen Menschen, die von ihrer Umgebung unbemerkt sich auf einmal irgendwelchen religiösen Sekten oder gar dem islamistischen Dschihadismus anschließen?
Die Versuche, Jesu Worte in ihrer Radikalität zu relativieren, sind lang. Manche Ausleger sagen, hier spreche ein junger zorniger Mann aus Nazareth, der freilich später, wie aus seinen Gleichnissen hervorgehe, deutlich milder geworden wäre. Andere, wie schon Albert Schweitzer, sehen in diesen Sätzen angesichts glühender Naherwartung eine sog. Interimsethik, eine Zwischenethik für die kurze, letzte Zeit vor dem endgültigen Einbruch des Reiches Gottes.
Für die heutige neutestamentliche Forschung spiegelt sich in diesen Sätzen nicht nur etwas von den Lebensumständen Jesu, sondern vor allem auch etwas von denen seiner ersten Nachfolger. Sie sind heimatlos. Sie ziehen von Ort zu Ort. Man nennt sie „Wanderradikale" oder „Wandercharismatiker". Es sind frühchristliche Missionare; sie haben mit ihrem Zuhause, mit ihrer Familie wie ihr Meister selbst gebrochen. Sie sind unabhängig von den Bindungen des Alltags. Sie gehen keinem normalen Erwerbsleben nach. „Lass die Toten die Toten begraben." Selbst Verstöße gegen die elementarsten und heiligsten Pflichten werden in Kauf genommen.
Möglich allerdings, dass diese Verstöße gegen Sitte und Gesetz eine Art prophetischer Zeichenhandlung waren wie es sie im Alten Testament häufiger gibt:
Jesaja muss drei Jahre nackt herumlaufen um zu zeigen, wie nackt und bloß die Großmacht Ägypten bald dastehen wird, an das sich damals noch die Herrscher in Israel klammerten. Hosea muss eine Prostituierte heiraten, um dem Volk vor Augen zu führen, dass es den Gott Israels verlassen hat und anderen Göttern hinterher läuft. Bei Jesus lautet die Botschaft: Nachfolge und die tätige Hoffnung auf das Reich Gottes sind im Konfliktfall wichtiger als die elementarsten Familien-pflichten.

Bei heutigen gewaltfreien Aktionen gibt es oft gezielte Gesetzesverstöße wie die Besetzung von Schienen oder Straßen, mit denen z.B. auf den gefährlichen Transport von Atommüll oder auf seine ungeklärte Endlagerung hingewiesen wird. Und natürlich hat es bis heute in der Kirche immer wieder Bewegungen gegeben, die sich der Heimatlosigkeit, dem Bruch mit der Herkunftsfamilie und der Besitz- und Schutzlosigkeit verschrieben haben: Das waren Mönchsorden, Täufergruppen,

Mennoniten, Quäker und andere, die Jesu Botschaft in mancher Hinsicht glaubwürdiger vertreten haben als es die Großkirchen taten.
Dennoch muss man auf der anderen Seite auch sehen: Auch in der ersten christlichen Generation gab es nicht nur diese Wandercharismatiker, sondern auch sehr bald sesshafte Christen, die den heimatlosen und armen Wandermissionaren Unterstützung und Herberge boten.
Und so müssen auch wir uns von diesen radikalen Sätzen Jesu kein schlechtes Gewissen machen lassen. Wir leben unter anderen Umständen, wir leben in einer anderen Welt. Nur in Ausnahmefällen wird einer so leben müssen und wollen und können wie Jesus selbst. Es ist wichtig, dass wir uns das eingestehen, gerade wenn wir als Christen Jesus nachfolgen wollen. An diesem Punkt folgen wir ihm nicht. Wir leben anders. „Der Menschensohn hat nicht, wohin er sein Haupt lege..." - „Lass die Toten die Toten begraben..." - „Wer zurückblickt, ist nicht geschickt zum Reiche Gottes..." Können wir, normale Christen, die in normalen bürgerlichen Verhältnissen leben, trotzdem etwas von diesen radikalen Worten Jesu lernen?
Vielleicht können sie uns daran erinnern, dass eine gewisse Heimatlosigkeit zum Glauben konstitutiv dazu gehört. „Wir sind Gäste auf Erden, Fremdlinge wie unsere Väter", sagt das Alte Testament. Und das Neue sagt: „Unsere Heimat ist im Himmel." Und: „Wir haben hier keine bleibende Stadt, sondern die zukünftige suchen wir." Christen sind im gewissen Sinne vaterlandslose Gesellen. Patriotismus, der sein Leben fürs Vaterland oder für wirtschaftliche Interessen aufs Spiel setzt, gehört jedenfalls nicht zu den Tugenden des Evangeliums. Und in einer Gesellschaft, die nicht mehr viel vom Christentum weiß und nicht mehr viel vom christlichen Glauben hält – aber angebliches Christentum für fremdenfeindliche Parolen missbraucht oder auch nur für politische Interessen instrumentalisiert - in einer solchen Gesellschaft können Christen mitunter zu Fremdkörpern werden. Und selbst in den eigenen Familien nehmen Christen immer häufiger Risse in der Einstellung zum Leben, zur Politik und zur Religion wahr.
„Lass die Toten die Toten begraben..." - Bei Licht besehen ist das ein groteskes Wort und keine Handlungsanweisung. Es öffnet aber den Blick für das, was angesichts des Todes wie Wahnsinn klingt, für die Auferstehung, für das Reich Gottes, in dem das Leben allem Tod die Macht genommen hat.
Und wenn es heißt: „Wer zurückblickt, ist nicht geschickt für das Reich Gottes", dann kann es sich nicht um eine geschichtslose Schlußstrich-Ideologie handeln. Denn Erinnern, Nichtvergessen – diese Haltung zum Leben gehört wie zum Kernbestand jüdischer so auch zum Kernbestand von Jesu eigener Identität. Deshalb hat er ja seinen Jüngern beim Abendmahl ins Herz geschrieben: „Das tut zu meinem

Gedächtnis.“ Nein, die Verkündigung des Reiches Gottes soll uns die Augen dafür öffnen, dass kein Leid, kein Geschrei, keine eigene und keine fremde Schuld uns alle Zukunft verbauen könnten.
„Die Füchse haben Gruben, und die Vögel unter dem Himmel haben Nester; aber der Menschensohn hat nicht, wohin er sein Haupt lege.“ Nur die Futterkrippe am Anfang und den Balken des Kreuzes am Ende. Die Rabbinen haben gesagt: „Die wirksamste Sühne ist, unstet und flüchtig zu sein.“ Unstet und flüchtig wie Kain, aber ohne eigene Schuld und ohne göttlichen Schutz durch das Kainsmerkmal.
Vielleicht hat sich Jesus selbst wie ein solcher Kain verstanden, der ohne eigene Schuld fremde auf sich nimmt; der unstet und flüchtig das Schicksal Kains gelebt hat, damit das Blut aller Abels nicht länger zum Himmel schreit; damit das Blut aller Abels getröstet wird. Und damit die Toten nicht für immer begraben sind, sondern wie die Lebenden ihre Heimat im Himmel.

Maria und Martha –kein happy-end

Es begab sich aber, da sie weiterzogen, kam er in ein Dorf. Da war eine Frau mit Namen Martha, die nahm ihn auf in ihr Haus. Und sie hatte eine Schwester, die hieß Maria; die setzte sich zu Jesu Füßen und hörte seiner Rede zu. Martha aber machte sich viel zu schaffen, ihm zu dienen. Und sie trat hinzu und sprach: Herr, fragst du nicht danach, dass mich meine Schwester lässt allein dienen? Sage ihr doch, dass sie es auch angreife! Der Herr aber antwortete: Martha, Martha, du hast viel Sorge und Mühe. Eins aber ist not: Maria hat das gute Teil erwählt; das soll nicht von ihr genommen werden. (Lukasevangelium 10, 38-42)

Diese Geschichte von Martha und Maria soll ein happy-end haben. Denn Maria und Martha sind Schwestern. Martha und Maria gehören zusammen. Wenn man diese Geschichte Kindern erzählt, dann soll sich Martha die Finger an ihrer Schürze abwischen und sich zu Maria und Jesus setzen. Oder Jesus soll sagen: Mensch, Martha, entschuldige, fast hätten wir dich vergessen. Du hast natürlich recht. Kommt, wir gehen alle drei in die Küche. Und dann schneidet Jesus die Zwiebeln und Maria putzt das Gemüse und Martha passt auf, dass nichts anbrennt. Und dann hat endlich die alte Rollenaufteilung ein ausgezeichnetes Ende gefunden.

Diese Geschichte soll ein happy-end haben. Deshalb haben die Ausleger Martha in neuerer Zeit noch immer in Schutz genommen: Sie ist die Aktive, die „Herrin" wie ihr Name auf Aramäisch bedeutet. Sie ist es, die Jesus in ihr Haus einlädt. Für eine unverheiratete Frau ein ungewöhnlicher Vorgang, der sich in damaliger Zeit über alle Konvention hinwegsetzt. Sie kennt in dem Augenblick nichts Wichtigeres als das Gebot der Gastfreundschaft. Sie ist selbstbewußt und untadelig. Für ihr „Dienen" gebraucht Lukas zwei Mal das Wort „Diakonie". Martha repräsentiert hier also die tätige Nächstenliebe, das Christentum der Tat.
Und im Johannesevangelium ist sie es sogar, die das Christusbekenntnis spricht wie es in den anderen Evangelien nur von Petrus überliefert ist. Da sagt sie: „Ich glaube, dass du bist der Christus, der Sohn Gottes, der in die Welt gekommen ist."
Manche Auslegerinnen sehen deshalb in der Martha-Maria-Geschichte eine Erinnerung aus sehr früher christlicher Zeit versteckt, in der Martha einer vermutlich bedeutenden Hauskirche vorstand. Es habe aber nur sehr kurze Zeit gebraucht bis die patriarchalische Tradition sich wieder durchgesetzt habe. Da wurde dann die selbstbewußte, die herrscherliche Martha abgewertet und die passive, demütige Maria ganz nach dem Geschmack der Männer zum Vorbild für die Frauen erhoben.

Vermutlich ist es tatsächlich so gewesen. Nur dass auch Maria keine nur passiv Empfangende ist. Auch sie bringt die patriarchalisch geprägte Männerwelt durcheinander, indem sie sich ganz selbstverständlich Jesus gegenübersetzt. Denn so muss man sich es vorstellen, wenn es heißt, sie setzte sich zu Jesu Füßen.
Aber natürlich, Maria ist die Empfangende, sie ist ein Bild für das Hören, aus dem der Glaube kommt. Und Martha ist ein Bild für das Handeln. Und deshalb sollen die beiden Frauengestalten ja miteinander versöhnt werden, soll die Geschichte ein happy-end haben. Denn schließlich gehören Glauben und Handeln, gehören Glaube und Liebe zusammen.
Dieses happy-end hatte im zweiten Jahrhundert auch schon die alte Kirche im Blick als sie die Geschichte an zwei Stellen veränderte. Jetzt hieß es nicht mehr „Eins aber ist not", sondern „Weniges ist not", also dass auch alle Marthen sich in diesem Wort Jesu wiederfinden sollten. Und entsprechend hieß es nicht mehr „Maria hat das gute Teil erwählt", sondern es hieß „Maria hat das bessere Teil erwählt".
Aber das machte die Sache nur noch schlimmer, denn jetzt kam ein Vergleich ins Spiel, bei dem Martha nicht so gut abschnitt. Jetzt stand also das Hören über dem Handeln, der Glaube über der Liebe, der Priester über dem Laien, und schließlich der Pastor oder die Pastorin über dem Diakon oder der Diakonin. Aber Lukas kennt in

dieser Geschichte keinen Vergleich und kein happy-end. Kompromisslos lässt er Jesus am Ende sagen: „Martha, Martha, du hast viele Sorgen und Mühe. Eins aber ist not. Maria hat das gute Teil erwählt. Das soll nicht von ihr genommen werden."
Was also hat Martha falsch gemacht, und was eigentlich hat Maria erwählt?
Kurz vor unserer kleinen Geschichte geht es um die Kunst des Lebens. Da wird Jesus gefragt: Meister, was muss ich tun, damit ich richtig lebe? Was muss ich tun, damit ich das Leben finde, das nicht vergeblich ist? Was muss ich tun, damit ich das ewige Leben finde? Und dann antwortet Jesus mit dem Doppelgebot der Liebe: Du sollst Gott lieben von ganzem Herzen, mit allen deinen Kräften - und du sollst deinen Nächsten lieben wie dich selbst. Und dann folgt die Geschichte vom barmherzigen Samariter. Da erzählt Jesus ein Beispiel für die Liebe zum Nächsten, gar die Liebe zum Feind. Da erzählt er, wie der Samariter anders als Priester und Levit alle Angst und Sorge um sich selbst vergisst, auch alle bisherige Feindschaft, und den rettet, der da unter die Räuber gefallen ist. Du sollst deinen Nächsten lieben wie dich selbst. Und unmittelbar danach kommen Maria und Martha. Jetzt ist die Gottesliebe dran. Du sollst Gott lieben von ganzem Herzen und mit allen deinen Kräften. Maria vergisst hier in dem Augenblick, da Jesus ihr Haus betritt, alle Gebote der Gastfreundschaft und der Nächstenliebe, auch alle damaligen gesellschaftlichen Konventionen und setzt sich diesem Mann Jesus gegenüber hin und lauscht seinen Worten und hört ihm zu. Eins ist nötig, sagt Jesus. Und Gott ist Einer. Maria hat das gute Teil erwählt. Und Gott alleine ist gut. Maria hat Gott erwählt. Maria ist hier ein Beispiel für die Liebe zu Gott.
Was aber hat Martha falsch gemacht? Sie tut doch, was das Gebot der Nächstenliebe fordert. Sie lädt den in ihr Haus, von dem es heißt, dass er nicht habe, wohin er sein Haupt legen könnte. Sie bewirtet ihn, sie ist gastfreundlich. Und in dieser kleinen Szene scheint offenbar auch eine andere historische Erinnerung noch auf: Der mittellose Wanderprediger Jesus von Nazareth wird oft von Frauen eingeladen worden sein. Denn anderswo in den Evangelien heißt es, dass viele Frauen ihm folgten, die ihm mit ihrem Vermögen dienten. Warum also soll Martha hier etwas falsch gemacht haben? Wenn es richtig ist, dass es Lukas in dieser Szene um ein Beispiel nun nicht der Nächstenliebe, sondern der Gottesliebe geht, dann will Martha hier offenbar dem zu essen geben, der selbst das Brot des Lebens ist. Dann will sie dem zu trinken geben, der das Wasser des Lebens zu trinken umsonst gibt. Dann lässt sie sich hier durch Jesus Sorgen aufbürden, anstatt alle Sorgen auf ihn zu werfen.

Du sollst Gott lieben von ganzem Herzen, von ganzer Seele!
Aber wird dieses Gebot nicht in der Nächstenliebe erfüllt? Man liebt doch auch und gerade Gott in jedem Hungernden, dem man Brot gibt; in jeder Dürstenden, der man

zu trinken gibt; in jedem Fremden, dem man hilft, auch im fremden Land zuhause zu sein. Denn es heißt ja zu Recht: Wer seinen Bruder, seine Schwester hasst, und sagt, er liebe Gott, der ist ein Lügner. Gottesliebe und Barmherzigkeit sind auf keinen Fall voneinander zu trennen.
Und doch sind das zwei verschiedene Gebote, die Gottesliebe und die Nächstenliebe. Und offenbar will Lukas hier der Gottesliebe ihr eigenes unvermitteltes Recht geben. Aber kann man denn Gott lieben, unvermittelt und direkt, ohne den Weg der Nächstenliebe?
Wir werden gleich ein uns vermutlich sehr fremd anmutendes Lied singen, in dessen letzter Strophe es heißt: „Ich will dich lieben, meine Krone; ich will dich lieben, meinen Gott; ich will dich lieben ohne Lohne, auch in der allergrößten Not; ich will dich lieben, schönstes Licht, bis mir das Herze bricht."
Gott lieben - von ganzer Seele, ohne Aussicht auf Lohn, überhaupt ohne irgendeine Absicht etwas damit zu erreichen, ohne jedes Schielen auf sich selbst; Gott lieben - mit allen deinen Kräften, ohne Grund, ohne irgendein „weil"; weil jeder Grund der Todfeind aller Liebe ist; Gott lieben - auch in der allergrößten Not; auch dann, wenn alles gegen ihn spricht; auch dann und gerade dann an seiner Seite bleiben.

„Höre Israel, du sollst deinen Gott lieben von ganzem Herzen, von ganzer Seele, von ganzem Gemüte und von allen deinen Kräften. Das andere aber ist ihm gleich: Du sollst deinen Nächsten lieben wie dich selbst." Maria und Martha sind Schwestern. Maria und Martha gehören zusammen. Und doch hat Maria ihr eigenes Recht. Und doch geht die Gottesliebe nicht in der Nächstenliebe auf.
Johannes Scheffler, der schlesische Engel - wie er sich nannte - hat in dem Lied, das wir jetzt singen, seinem Gott schöne Namen gegeben: meine Stärke, meine Zier, du höchstes Gut und wahre Ruh, du wahre Sonne, du starker Himmelsglanz: Ich will dich lieben ohne Lohne. Ohne Weil, ohne irgendeinen Deal, ohne Pflicht, reinster Luxus, den es nirgendwo zu kaufen oder zu erwerben gibt.

Unnütze Knechte

Wer unter euch, der einen Knecht hat, der ihm pflügt oder das Vieh weidet, sagt ihm, wenn er heimkommt vom Felde: Komm sogleich und setze dich zu Tische? Ist's nicht vielmehr so, dass er zu ihm sagt: Richte zu, was ich zu Abend esse, schürze dich und diene mir, bis ich esse und trinke; danach sollst du auch essen und trinken? Danket er auch dem Knechte, dass er getan hat, was ihm befohlen war? So auch ihr! Wenn ihr alles getan habt, was euch befohlen ist, so sprechet: Wir sind unnütze Knechte; wir haben getan, was wir zu tun schuldig waren. (Lukas 17, 7-10)

Bei einem Gemeindenachmittag wurde über das Ehrenamt in der Kirche gesprochen. Eine kleine Vorbereitungsgruppe hatte sich eine Anspielszene ausgedacht und dann auch gleich vorgespielt:

Da war eine langjährige, verdienstvolle ehrenamtliche Mitarbeiterin, viele Jahre Kindergottesdienst gemacht, über 20 Jahre Mitarbeit im Kirchenvorstand, Mitglied der Synode und vieles mehr im Alltag einer Kirchengemeinde. Der Bischof kam in den Gemeindegottesdienst und wollte sie mit einer Medaille ehren. Er hielt eine schöne Ansprache über Selbstlosigkeit und Selbstverwirklichung, und dann holte er seine Medaille hervor und wollte sie der verdienstvollen Ehrenamtlichen um den Hals hängen – sozusagen als Gottes Lohn. In diesem Augenblick wurde sehr heftig die Kirchentür aufgestoßen und Jesus stürzte herein und rief: „Halt!“ und rief „Stopp! Wenn ihr alles getan habt, was euch befohlen war zu tun, dann sprecht: Wir sind nur unnütze Knechte; wir haben bloß getan, was wir zu tun schuldig waren.“ Dem Bischof fiel die Medaille aus der Hand. Und der Ehrenamtlichen blieb der Mund offen stehen. Und nach dem Applaus für die schauspielerische Leistung breitete sich ein gewisses Erschrecken aus: „Sprecht: unnütze Knechte sind wir!“? Ein aggressives, ein abweisendes Wort Jesu, das er zu den Seinen hier spricht.

Offenbar hat der Herr Jesus noch nie etwas davon gehört, wie anerkennend und lobend ein Pastor oder eine Pastorin mit den Ehrenamtlichen umgehen soll. Und das

Wort von der Kundenfreundlichkeit, das man immer mal wieder in der Kirche hören kann, das muss ihm schlichtweg ein Rätsel gewesen sein.

Vielleicht hat ja der Preußenkönig Friedrich der Große ganz im Sinne Jesu gehandelt, als er sich weigerte jemandem einen wohlverdienten Orden zu verleihen. Da hat er nämlich an den Rand des diesbezüglichen Antrages geschrieben: „Kriegt ihn nicht. Hat nichts als Seine verdammte Pflicht und Schuldigkeit getan.“

Umgekehrt kann es natürlich auch etwas Demütigendes an sich haben, gerade in der Kirche aus der Hand eines vermeintlich Höhergestellten einen öffentlichen Dank entgegen nehmen zu müssen. Ich gestehe deshalb meine heimliche Liebe für dieses spröde und abweisende Wort Jesu: „Wenn ihr alles getan habt ...unnütze Knechte sind wir.“ Denn wenn wir uns von diesem Wort Jesu nicht gleich in die Flucht schlagen lassen, dann werden wir etwas von der Freiheit merken, in die er uns führen will; eine Freiheit, die nicht nach Lohn und Anerkennung giert und die sich vom Lob auch nicht korrumpieren lässt.

„Mein Lohn ist, dass ich dienen darf“ – so hat man früher unter Kirchenmenschen gesagt. Aber dieser Satz klingt doch sehr verkrampft und in Wahrheit schwitzt er nur die Sehnsucht nach Lob und Lohn aus allen seinen Poren. Jesus hat hier eine andere Freiheit im Blick; eine, die nicht nur frei ist vom Lohn, sondern die auch frei ist, sich überraschend und über alle Maßen beschenken zu lassen. „Wer unter euch“ – so spricht er zu den Jüngern, „wer unter euch, der einen Knecht hat, einen Sklaven, der ihm pflügt oder das Vieh weidet...“. Vielleicht stutzen sie da schon. Sind sie, die Jünger, denn Sklavenhalter? Haben sie denn über Knechte zu gebieten? Sind sie denn Herren? Was mag er nur meinen? Vielleicht fangen sie aber auch schon an, sich ein bisschen hineinzuträumen in dieses Herr-Sein. Schließlich werden zwei von ihnen ja später ganz unverblümt ihn bitten: “Lass uns einer zu deiner Rechten und einer zu deiner Linken sitzen!“ – „Wer unter euch einen Knecht hat...“? – Vielleicht also ein ganz schönes Gefühl, so Herr zu sein; über andere gebieten zu können.

Aber dann merken sie wie seine Stimme so plötzlich anders wird; als wenn er Partei ergreifen wollte für den Sklaven: Wer sagt denn zum Knecht “Komm sogleich und setze dich zu Tische...“!? Offenbar weiß Jesus, wie es dem zumute ist, der stundenlang pflügt; der endlich die Ochsen ausgeschirrt und in den Stall gebracht hat. Der nur noch denkt, jetzt ist Feierabend, jetzt ausspannen. Offenbar weiß er, wie gut es dem täte, wenn dann einer fürsorglich zu ihm sagte: „Komm, setz dich sogleich zu Tische. Alles ist bereit. Schmecke und sieh doch wie freundlich dein Herr ist.“ Aber leider, nichts von alledem. Die böse Realität sieht ganz anders aus. Da werden die Sklaven ausgenommen. Erschöpft zuhause angekommen, geht es sogleich weiter: Los, mach voran; nichts ist auf dem Tisch. Bereite mir das Abendmahl, richte zu, schürze dich, diene mir, dass ich essen und trinken kann.

Die Jünger, die eben noch in ihr Herr-Sein sich hineinträumen konnten, denen wird auf einmal vor Augen geführt, wie mies sich die Herren ihren Knechten gegenüber aufführen. „Dankt er auch dem Knecht, dass er getan hat, was ihm befohlen war?“ Natürlich nicht, jetzt wissen es die Jünger wieder: Undank ist der Welten Lohn. Du mühst dich ab und mühst dich ab – und noch nicht einmal eine Silbe der Anerkennung. Jetzt wissen sie wieder wie es einem Knecht zumute ist. Jetzt sind die heimlichen Herr-Sein-Wünsche verflogen. Aber was macht er denn jetzt? Warum folgt kein Wort der Ermahnung an diese Herren? Warum kein Aufruf zum Ungehorsam an den Sklaven? Warum keine Kritik an dieser miesen Realität? Stattdessen sagt er: „So auch ihr!“ Zum zweiten Mal kann man sich die verdutzten Gesichter der Jüngerinnen und Jünger vorstellen. Eben liebäugelten sie noch mit den Herren, dann fühlten sie mit dem Sklaven mit. Und jetzt sollen sie selber Sklaven sein? „So auch ihr!“? –

Undank ist der Welten Lohn. Das weiß man. Aber nun: Undank auch des Himmels Lohn?! „Wenn ihr alles getan habt ... unnütze Knechte sind wir!“? Vielleicht fällt ja nach einer Schrecksekunde der Groschen. So auch ihr! Natürlich: der Himmel ist undankbar. Zum Glück! Denn der Himmel will nicht dankbar sein, der Himmel will sich freuen. An allen seinen Geschöpfen will er sich freuen. An der Sonne, die gar nicht anders kann als zu scheinen; an den Sternen, die gar nicht anders können als zu leuchten; an der Stadt, die auf einem Berge liegt, die gar nicht anders kann als gesehen zu werden; an dem Samariter, der seine Barmherzigkeit nicht tut, weil sie befohlen ist, sondern der gar nicht anders kann als den aufzuheben, der unter die Räuber gefallen ist. „So auch ihr!“ So selbstverständlich, so ohne den Blick auf einen Dank. „Wir haben getan, was wir zu tun schuldig waren“ – Jesus geht im Übrigen auch davon aus, dass wir nur zurückgeben, was wir selbst empfangen haben.

Wer sprechen kann: ich habe getan, was zu tun ich schuldig war, der ist frei, frei von der Sucht nach Lob und Anerkennung. Wer sprechen kann: ich habe getan, was zu tun ich schuldig war, der muss auch nicht glauben <u>alles</u> tun zu müssen – der kann den „Rest“ Gott selbst überlassen. Wer sprechen kann: unnütze, d.h. unzureichende Knechte sind wir, der ist ein Knecht jenes Herrn, der selbst nicht „Herr“ geblieben ist, sondern den Seinen dient und ihnen zuvorkommt. Und wer am Ende sagen kann: Knechte sind wir, der weiß auch, dass er Leibeigener dieses Gottes bleibt – auch dann noch, wenn ihm Erd und Himmel vergehen und ihm nichts auf dieser Erde mehr bleiben kann als eben Leibeigener dieses Gottes zu sein und zu bleiben.

Messianische Gymnastik

Da er aber gefragt wurde von den Pharisäern: Wann kommt das Reich Gottes? antwortete er ihnen und sprach: Das Reich Gottes kommt nicht so, dass man's mit Augen sehen kann; man wird auch nicht sagen: Siehe, hier! oder: da! Denn siehe, das Reich Gottes ist mitten unter euch. Er sprach aber zu den Jüngern: Es wird die Zeit kommen, dass ihr werdet begehren, zu sehen einen der Tage des Menschensohnes, und werdet ihn nicht sehen. Und sie werden zu euch sagen: Siehe, da! Siehe, hier! Gehet nicht hin und folget auch nicht. Denn wie der Blitz oben vom Himmel blitzt und leuchtet über alles, das unter dem Himmel ist, also wird des Menschensohn an seinem Tage sein. Zuvor aber muss er viel leiden und verworfen werden von diesem Geschlecht. Und wie es geschah zu den Zeiten Noahs, so wird's auch geschehen in den Tagen des Menschensohnes: sie aßen, sie tranken, sie freiten, sie ließen sich freien bis auf den Tag, da Noah in die Arche ging und die Sintflut kam und brachte sie alle um. Desgleichen wie es geschah zu den Zeiten Lots: sie aßen, sie tranken, sie kauften, sie verkauften, sie pflanzten, sie bauten; an dem Tage aber, als Lot aus Sodom ging, da regnete es Feuer und Schwefel vom Himmel und brachte sie alle um. Auf diese Weise wird's auch gehen an dem Tage, wenn des Menschensohn wird offenbar werden.

(Lukasevangelium 17, 20 – 30)

Eine schöne Anekdote erzählt, wie sich die jüdischen Kinder in einem galizischen Städtchen auf das Kommen des Messias einstellten. Sie übten sich jedes Jahr von neuem darin, so lange wie möglich auf den Händen zu stehen oder gar zu gehen. Sie hatten nämlich gelernt, dass der Messias, wenn er kommt, die Welt auf den Kopf stellen wird. Und weil sie dachten, das würde den Ungeübten viele Schwierigkeiten bereiten, trainierten sie sich, wie sie es nannten, in dieser messianischen Gymnastik.

Eine tolle Idee, diese messianische Gymnastik: Die Welt mit andren Augen sehen, das Unterste nach oben kehren, die Welt schon einmal probeweise auf den Kopf stellen, schon einmal erahnen, wie es sein wird, wenn der Messias kommt und die Letzten zu Ersten macht und die Welt aus den Angeln hebt.

Die Bibel ist ja voll von solchen messianischen Bildern, die die Welt auf den Kopf stellen. Da werden Schwerter zu Pflugscharen geschmiedet; da wird jeder Stiefel, der mit Gedröhn daher geht, da wird jeder Mantel, der von Blut durchtränkt ist, da werden beide verbrannt und vom Feuer verzehrt. Da wird nicht mehr gerichtet, nach dem was vor Augen ist, da werden die Armen und Rechtlosen mit Gerechtigkeit aufgerichtet; ja, da lagern die Wölfe bei den Lämmern und der Tod wird nicht mehr sein und kein Leid noch Geschrei. Wenn der Messias kommt, dann stellt er die Welt auf den Kopf; dann nisten im Rohr der Rakete die Tauben, dann fehlen im Atlas die Grenzen, dann ist die Hand des Armen nie ohne Brot - wie es in einem Gedicht von Rudolf Otto Wiemer heißt.

Wann aber kommt der Messias, wann kommt das Reich Gottes, fragen die Pharisäer. Wann hört es auf, dass die afrikanischen Flüchtlinge im Meer ertrinken? Wann hört es auf, dass hinter jeder reichen Speisekarte die Gesichter der Armut und des Hungers lauern? Wann hört es auf, dass die Unschuldigen die Opfer sind? Und wann hört es auf, dass der Riß zwischen Arm und Reich immer größer, immer unüberbrückbarer wird? Wann kommt das Reich Gottes, fragen die Pharisäer.

Eine Frage, die sich die meisten Menschen vermutlich abtrainiert haben; die längst in Resignation und Zynismus ertränkt worden ist. Bekanntlich hat ein ehemaliger Bundeskanzler gesagt: Wer Utopien einer anderen Welt hat, der solle gefälligst zum Psychiater gehen. Dagegen kann man nur einwenden, dass es den Glaubenden schon immer gut zu Gesicht gestanden hat, wenn man sie für etwas verrückt erklärt hat.

Wann also kommt das Reich Gottes? Jesus gibt hier zwei Antworten, die sich widersprechen und doch zusammengehören. Als erstes sagte er sein „Siehe“. Als erstes fordert er uns auf, die Augen zu öffnen: „Siehe, das Reich Gottes ist mitten unter Euch!“ Hier, in diesem Einen, in diesem Menschen - so bekennt es der Evangelist Lukas - ist das Reich Gottes schon verborgen zu sehen: Jesus, der Mensch, der Gott zu den Menschen bringt und die Menschen zu Gott. Mit ihm, dessen Wille eins ist mit dem Willen dessen, zu dem wir beten - mit ihm kommt das Reich Gottes schon untergründig zu uns. Auch heute kommt es zum Vor-Schein. Unscheinbar, aber real.

Vor ein paar Tagen habe ich am Bett eines Schwerkranken gesessen. Die Ärzte hatten seiner Frau gesagt, sie müsste sich auf das Schlimmste gefasst machen. Und während ich bei ihm saß und wir uns mit Worten kaum verständigen konnten, da leuchtete etwas von diesem verborgenen Reich Gottes auf; da ging ein paar Mal ein Lächeln wie ein helles Licht über sein Gesicht. Siehe, sagt Jesus, das Reich Gottes ist mitten unter Euch! Ich glaube, wir müssen mehr messianische Gymnastik machen; wir müssen häufiger üben, auf Händen zu gehen und die Welt mit anderen Augen zu sehen. Vielleicht denken wir an dieser Stelle zu gering von uns. Vielleicht denken wir, dass unsere Augen immer nur verhangen sind wie die Augen der Emmausjünger. Aber Jesus sagt ja: „Siehe ... in Eurer Mitte!“ In der Mitte seiner Gemeinde lebt ER.

Dietrich Bonhoeffer hat das einmal auf die Formel gebracht: „Christus als Gemeinde existierend". Christus lebt, existiert als seine weltweite Gemeinde, lebt in uns und wirkt in uns und durch uns. Wenn wir das erst einmal so richtig in unser Bewusstsein bekommen haben, dass eine Gemeinde nicht dazu da ist, die Freizeitbedürfnisse einiger Menschen zu befriedigen, dann wird uns auch schmerzlich klar, wie sehr wir als Gemeinde noch hinter dem zurückstehen, was wir doch schon sind: Das Reich Gottes, ER selbst. Noch können wir selbst, noch können andere das an uns selbst vielleicht nur ganz selten sehen Aber gerade wenn wir einen Vorschein von dem „Christus unter uns" sehen, dann wird die Frage umso dringlicher: Wann wird das alles für alle und für jedermann sichtbar? Wann kommt – endlich – das Reich Gottes?

Jesus weiß, dass das Reich Gottes nicht einfach in der Gemeinde aufgeht; er weiß, dass es auch in seiner Gegenwart nicht erfüllt ist. Er weiß, dass da noch ein anderes Licht vom Himmel nötig ist, um alles offenbar zu machen, was noch verborgen ist. Und er warnt uns davor, denen zu glauben, die irgendeinen Zustand dieser Welt für unabänderlich oder für endgültig erklären. Wann kommt das Reich Gottes? Jesu zweite Antwort lautet: Es kommt plötzlich. Es ist nicht der Endzustand menschlicher Bemühungen. „Denn wie der Blitz oben vom Himmel blitzt und leuchtet über alles, was unter dem Himmel ist, also wird des Menschen Sohn an seinem Tage sein." Das auszumalen, fehlen alle Worte. Nur, dass die letzte Zukunft Licht sein wird; dass das Jüngste Gericht Licht sein wird - gerade für die, die das Licht scheuen.

Obwohl der Text so bedrohlich an die Tage der Sintflut und an die Tage von Sodom und Gomorrha erinnert, an Tage, an denen es Feuer und Schwefel vom Himmel regnete - mitten in dieser bedrohlichen Szenerie aber steht etwas ganz anderes, steht der Satz: „Zuvor aber muss der Menschensohn viel leiden und verworfen werden ..", weil er eins bleibt mit dem Willen Gottes, weil er sich und Gott selbst nicht auseinander dividieren lässt.

In den Tagen Lots hatte Abraham Fürbitte gehalten für Sodom und Gomorrha: „Herr, wenn nur fünfzig Gerechte in jener Stadt zu finden wären, nur dreißig, nur zehn...". In den Tagen Lots hätten zehn Gerechte genügt. In den Tagen des Menschensohnes soll um des einen Gerechten willen sich das Feuer vom Himmel in ein Licht verwandeln, vor dem sich niemand fürchten muss. Auch die nicht, die Grund haben das Licht zu scheuen.

Und auch um das in unser Herz hineinzubekommen, dass nämlich Gott größer ist als unser Herz, auch dazu braucht es eine messianische Gymnastik. Müssen wir alles, was wir vordergründig von Gott zu wissen glauben, auf den Kopf stellen. Der Tod dieses Einen soll mehr bewirken als alle Bosheit auf dieser Erde. Um seinetwillen sollen wir, wie Lukas an anderer Stelle sagt, alle Furcht ablegen und unsere Häupter erheben. Oder wie Jochen Klepper gedichtet hat: „Er macht die Völker bangen vor Welt- und Endgericht und trägt nach dir Verlangen, lässt auch den Ärmsten nicht. Aus seinem Glanz und Lichte tritt er in deine Nacht, und alles wird zunichte, was dir so bange macht."

Unwahrscheinliche Umkehr

Und er zog hinein und ging durch Jericho. Und siehe, da war ein Mann, genannt Zachäus, der war ein Oberster der Zöllner und war reich. Und er begehrte Jesus zu sehen, wer er wäre, und konnte nicht vor dem Volk; denn er war klein von Person. Und er lief voraus und stieg auf einen Maulbeerbaum, auf dass er ihn sähe; denn allda sollte er durchkommen. Und als Jesus kam an die Stätte, sah er auf und sprach zu ihm: Zachäus, steig eilend hernieder; denn ich muss heute in deinem Hause einkehren. Und er stieg eilend hernieder und nahm ihn auf mit Freuden. Da sie das sahen, murrten sie alle und sprachen: Bei einem Sünder ist er eingekehrt. Zachäus aber trat vor den Herrn und sprach: Siehe, Herr, die Hälfte meiner Güter gebe ich den Armen, und wenn ich jemand betrogen habe, das gebe ich vierfältig wieder. Jesus aber sprach zu ihm: Heute ist diesem Hause Heil widerfahren, denn auch er ist Abrahams Sohn. Denn des Menschen Sohn ist gekommen, zu suchen und selig zu machen, was verloren ist. (Lukasevangelium 19, 1 – 10)

Immer wieder liebenswert, dieser kleine Zachäus – jedenfalls auf den ersten Blick. Keine Kinderbibel lässt ihn sich entgehen. In jeder sitzt er auf einem Baum mit seiner Geldtasche um den Hals. Auch hier in unserer Kirche war er vor Jahren schon zwischen Blättern eines Baumes zu entdecken. Immer wieder liebenswert, wie er Jesus sehen möchte und doch selbst nicht gesehen werden mag; wie er will und sich doch nicht traut; wie er sich versteckt und doch gefunden werden möchte. Immer wieder liebenswert – jedenfalls auf den ersten Blick. Lukas, der uns diese Geschichte überliefert, appelliert allerdings nicht an unser Mitgefühl, wenn er notiert, dass Zachäus klein von Person, klein von Wuchs gewesen war. Denn „klein“ ist nach antikem Verständnis gleichbedeutend mit „häßlich“. Und wenn wir fragen, was hat denn Zachäus häßlich gemacht, dann stoßen wir schnell auf seinen Beruf und seinen Reichtum: Oberzöllner – die römische Besatzungsmacht in Palästina hatte ein ausgeklügeltes Zollpachtsystem installiert. Grenzzoll und Marktzoll wurden an den

Meistbietenden verpachtet, der wiederum Unterpächter anstellen konnte. Das System war durch Willkür und brutale Durchsetzung der Forderungen mit Hilfe der römischen Militärmacht verhasst. Zöllner waren als Zeugen vor einem jüdischen Gericht nicht zugelassen. Und in eine pharisäische Gemeinschaft wurden sie nur aufgenommen, wenn sie ihren Beruf aufgaben. Denn die Zollpächter hatten ja viel mit den heidnischen, den auch religiös unreinen Römern zu tun. Und Zachäus also: Oberzöllner; Chef des brutalen Zollsystems in Jericho und Umgebung; Oberzöllner, der seinerseits Unterpächter eingestellt hatte, die für ihn die Drecksarbeit machen mussten. Kein Wunder also, dass Lukas zu verstehen gibt, dass er häßlich war – entstellt von seiner Geldgier; entstellt von der Schuld und letztlich auch entstellt von dem Hass, der ihm von anderen als Reaktion entgegenschlug.

Und einem wie ihm sollen wir glauben, wenn er am Ende sagt: „Die Hälfte meiner Güter gebe ich den Armen, und wenn ich jemand betrogen habe, das gebe ich vierfältig zurück.“? Das wäre ja eine erbauliche Geschichte, wenn so einer so radikal die Front wechselte. „Eher geht ein Kamel durch ein Nadelöhr, als dass ein Reicher ins Reich Gottes kommt.“ – sagt Jesus kurz vor unserer Geschichte zu seinen Jüngern. Und weite Teile der alten Kirche haben denn auch dem happy end dieser Geschichte widersprochen. Sie mochten nicht glauben, dass Zachäus wahrhaftig umgekehrt war. Eine alte Legende aus der koptischen Kirche erzählt, dass am Ende alles so kam wie es kommen musste: der immer noch reiche Oberzöllner Zachäus fiel unter die Räuber, wurde ausgeraubt und ermordet. Ein in der Tat wenig erbauliches Ende für den auf den ersten Blick immer wieder liebenswerten Zachäus.

„Eher geht ein Kamel durch ein Nadelöhr, als dass ein Reicher ins Reich Gottes kommt.“ – Unmittelbar nach diesem Satz überliefert Lukas allerdings in dieser Sache noch einen anderen Satz: „Was bei den Menschen unmöglich ist, das ist bei Gott möglich.“ Und jetzt sagt Lukas zu Beginn unserer Geschichte: „Und siehe“ und will uns zeigen, was bei Gott möglich ist. „Und siehe“ und lenkt unseren Blick zunächst auf diesen Zachäus, von dem es heißt, „er begehrte Jesus zu sehen, wer er wäre“. Über seine Motive allerdings erfahren wir nichts. Manche Ausleger meinen, dass es Neugier gewesen sei, die ihn angetrieben hätte. Aber hätte bloße Neugier genügt, um gleich das erste Hindernis zu überwinden und aus einem reichen vornehmen Herrn einen Baumkletterer zu machen? Oder klettert Zachäus auf den Baum, damit die ersten armen Hörer dieser Geschichte ihr Vergnügen daran finden sollen – das Vergnügen nämlich, welche Verrenkungen ein Reicher machen muss, um Jesus wenigstens von ferne einmal zu sehen?

Martin Luther dagegen sieht in Zachäus ein Beispiel für die geheime und deshalb wahre Suche nach Gott. Zachäus sucht Gott, aber er kann es noch nicht einmal vor sich selbst zugeben. Deshalb: wäre Zachäus dabei ertappt worden, wie er sich dort im Baum versteckt und doch zugleich unabsichtlich zeigt – wäre er ertappt worden bei seinem geheimsten Wünschen und Hoffen – er wäre mit hochrotem Kopf vermutlich noch höher geklettert. Als aber Jesus vorbeikommt, da hat der ihn nicht spöttisch ertappt, da hat er ihn sozusagen „entdeckt", da blickt er auf zu ihm und nennt ihn bei seinem Namen: Zachäus, d.h. hebräisch Zakhaj, der Reine. Und weiß doch, dass er alles andere als rein und unschuldig ist. Aber er behaftet ihn bei dem, was er in Wirklichkeit ist; spricht ihn so an, wie er von Anfang an gewollt war: „Zachäus, Zakhaj, der du rein und gerecht sein sollst, steige eilend herab, denn ich muss heute noch in deinem Hause einkehren." „Ich muss!" – Jesus vergisst hier alle Höflichkeit; er fragt nicht, „wäre es recht?"; er bittet nicht „darf ich"? Er sagt: Ich muss heute noch in deinem Hause einkehren. Da ist nichts, was ihn abschrecken könnte – kein schlechter Ruf, in dem Zachäus steht; keine Ungerechtigkeit, die Zachäus begangen hat; kein Graben, den er zwischen sich und den anderen, den er zwischen sich und Gott aufgerissen hat – da ist nichts, was ihn abschrecken oder abhalten könnte. „Ich muss" – „Denn", so hat er von sich selbst gesagt, „ich bin gekommen zu suchen und selig zu machen, was verloren ist." Wie selig erkennt man daran, dass Zachäus ihn aufnahm mit Freuden.

Die da aber murren und sagen, bei einem Sünder ist er eingekehrt, die glauben dem Zachäus die Freude nicht; die denken, er sei voll von missgünstiger Schadenfreude; die ahnen nicht, welche Kraft der Veränderung in der Freude liegt, die Zachäus ergriffen hat. „Siehe, die Hälfte meiner Güter gebe ich den Armen, und wenn ich jemanden betrogen habe, das gebe ich vierfach zurück." Die alte Legende aus der koptischen Kirche, die Zachäus durch Mörderhand enden ließ, die hat ihm diesen Satz auch nicht geglaubt. Die hat geglaubt, das sei ein folgenloses Versprechen.

Später hat man in der Kirchengeschichte den Kompromiss gesucht. Dann hat man gesagt: Zachäus sei ja Oberster der Zöllner geblieben und er sei reich geblieben und Jesus sei auch bei ihm geblieben. Heute werden wir uns bei diesem Kompromiss nicht mehr beruhigen können. Heute werden wir lernen müssen, dass der Satz des

Zachäus kein folgenloses Versprechen war, sondern dass es ein Satz des Staunens, ja der Überwältigung war: „Siehe, die Hälfte meiner Güter gebe ich den Armen.“ Worte des Staunens, Worte glückseliger Überraschung, dass das Unmögliche möglich geworden ist.

Der Himmel kehrt bei Zachäus ein. Der Himmel erinnert ihn daran, wer er in Wirklichkeit ist. Und eine Freude ergreift ihn, die ihn leicht macht; die so viel Ballast abwerfen kann. „Heute ist diesem Hause Heil widerfahren“, Jesus sagt das nicht wie zur Belohnung. Ein Verlorener ist gefunden worden. Und dass dieser Verlorene und Gefundene auf dem Weg Jesu bleiben kann, das kann man auch in der alten Kirche entdecken. Denn auf dem ältesten Bild, das Zachäus zeigt, da sitzt er auf dem Baum, aber nicht in Jericho, sondern später beim Einzug Jesu in Jerusalem, und da ruft er, was er auf dem Baum von Jericho sich nie getraut hätte zu rufen. Da ruft er: „Gepriesen sei, der da kommt im Namen des Herrn.“

Osterschrecken

Am Abend aber desselben ersten Tages der Woche, da die Jünger versammelt und die Türen verschlossen waren aus Furcht vor den Judäern, kam Jesus und traten mitten ein und spricht zu ihnen: Friede sei mit euch! Und als er das gesagt hatte, zeigte er ihnen die Hände und die Seite. Da wurden die Jünger froh, dass sie den Herrn sahen. Da sprach Jesus abermals zu ihnen: Friede sei mit euch! Gleichwie mich der Vater gesandt hat, so sende ich euch. Und da er das gesagt hatte, blies er sie an und spricht zu ihnen: Nehmt hin den heiligen Geist! Welchen ihr die Sünden erlasset, denen sind sie erlassen; und welchen ihr sie behaltet, denen sind sie behalten.

Thomas aber, der Zwölfe einer, der da heißt Zwilling, war nicht bei ihnen, als Jesus kam. Da sagten die anderen Jünger zu ihm: Wir haben den Herrn gesehen. Er aber sprach zu ihnen: Wenn ich nicht sehe in seinen Händen die Nägelmale und lege meine Finger in die Nägelmale und lege meine Hand in seine Seite, kann ich´s nicht glauben. Und über 8 Tage waren abermals seine Jünger drinnen und Thomas mit ihnen. Kommt Jesus, da die Türen verschlossen waren, und tritt mitten ein und spricht: Friede sei mit euch! Danach spricht er zu Thomas: Reiche deinen Finger her und siehe meine Hände und reiche deine Hand her und lege sie in meine Seite und sei nicht ungläubig, sondern gläubig! Thomas antwortete und sprach: Mein Herr und mein Gott! Spricht Jesus zu ihm: Weil du mich gesehen hast, Thomas, so glaubst du. Selig sind die nicht sehen und doch glauben! (Johannesevangelium 20, 19-29)

Zehn Leute, zehn Jünger in einem verriegelten, verschlossenen Raum. Der elfte geht eigene Wege; der zwölfte hat sich das Leben genommen.
Zehn Leute sperren sich selbst ein. Haben sie gesprochen? Oder waren sie stumm? Haben sie den Schergen entgegengelauscht? Hätten sie aufgeatmet, wenn in der Morgendämmerung die Tür gewaltsam geöffnet worden wäre? Wenn ihre Angst sich endlich bestätigt hätte? Welchen Vorzug hatten sie denn gegenüber dem, der gekreuzigt wurde? „Der Knecht ist nicht über seinem Meister" hatte er doch gesagt. Welches Recht hatten sie denn zu überleben? Und wäre solches Leben dann mehr als ein schreckliches Nur-Überleben? Wieder zurück in das alltägliche Leben? So tun als sei nichts gewesen? Die Geschichten vergessen? Diese Geschichten vom Leben, das man verliert, wenn man es festhalten will, und das man gewinnt, wenn man es loslassen kann?

Die Jünger in einem verriegelten, verschlossenen Zimmer. Sie bangen um ihr Leben. Ist der Rädelsführer hin, kann man Jagd auch auf die Mitläufer machen. Geschichten vom leeren Grab trauen sie nicht. Ihre Türen bleiben verschlossen. Sie selbst bleiben zu.

Ostern fängt mit einem Schrecken an. Das haben wir mit Hilfe der Ostereier und dem Jubel der Osterlieder vergessen. Nach dem Evangelisten Markus fängt Ostern sogar als Horrorgeschichte an: „Da verließen die Frauen das Grab; denn Schrecken und Entsetzen hatten sie gepackt.“ Bei Matthäus sind sie voll Furcht aber immerhin auch voll großer Freude. Und als nach Lukas der Auferstandene in der Mitte seiner Jünger erschien, „erschraken sie und hatten große Angst“. Beim Evangelisten Johannes regiert an Ostern zunächst ein Schrecken anderer Art, ein natürlicher, ein verständlicher Schrecken. Ein Schrecken, den die römischen und jüdischen Behörden verbreiten. Ein Schrecken, der aus der Furcht vor den Menschen kommt.

Aber nun kommt uns in dieser Geschichte ausgerechnet mit dem sogenannten ungläubigen Thomas dieser andere Schrecken entgegen, dieser Oster- oder Gottesschrecken, jene Furcht, die gerade nicht aus dem Entsetzen vor Menschen kommt. Ohne die wir aber in der Gefahr stehen, uns vor allem Möglichen zu fürchten; vor allem, was sich wie Gott aufspielt und doch gar nicht Gott ist.
Solche Gottesfurcht, die erfährt hier im verschlossenen Zimmer am Ende auch der ungläubige Thomas, dieser Skeptikus, wenn er erschrocken und überwältigt sagen wird: „Mein Herr und mein Gott!“
Am Abend aber desselben ersten Tages der Woche, da die Jünger versammelt und die Türen verschlossen waren, kam Jesus und trat mitten unter sie.“ – Ungebeten tritt er ein in die Angst der verschlossenen Jünger; ungebeten und unerwartet, durch ihre verschlossene Tür. Er klopft nicht an. Er bittet nicht um Einlass. Er geht einfach hindurch durch die Tür, die die Angst verschlossen hält. Hätte er von draußen gerufen: Ich bin´s – die Angst hätte nicht aufgemacht. Eine Finte hätte sie gesagt; eine List, ein Hirngespinst.
Nein, er bittet nicht, ihm zu öffnen. Er erklärt auch nicht, wie er durch die verschlossene Tür hatte kommen können. Nirgendwo wird in den Ostergeschichten das Unmögliche erklärt. Er kommt einfach herein, souverän, ohne zu fragen. Und kommt doch nicht als Eindringling. Er fragt nicht, warum habt ihr mich im Stich gelassen? Warum seid ihr geflohen? Warum habt ihr verleugnet? Warum habt ihr geschlafen, als ihr wachen musstet? Er fragt auch nicht: Warum habt ihr keinen Glauben?
Er fragt überhaupt nicht, sondern er bringt ihnen das, was er versprochen hatte ihnen zu geben: „Meinen Frieden gebe ich euch; nicht gebe ich wie die Welt gibt; euer Herz erschrecke nicht und fürchte sich nicht.“
Seinen Frieden gibt er: Frieden, wo man sich abkapselt und verbarrikadiert; wo man sich einpanzert in seine Angst; Frieden, wo man Rache befürchtet oder schwört; Friede denen, die geschwiegen, die ihn verraten und ausgeliefert haben.

„Friede sei mit euch! Und als er das gesagt hatte, zeigte er ihnen die Hände und seine Seite." Offenbar musste er sich ausweisen; offenbar hätten sie ihn sonst nicht erkannt. Alle Ostergeschichten erzählen von dieser Irritation: Der Auferstandene erscheint wie ein Fremder; an seinem Äußeren erkennen sie ihn nicht; erst später an seiner Stimme, an seinen Worten, an einer Geste wie dem Brotbrechen. Fremd und anders ist er und doch derselbe. Hier zeigt er ihnen die Wundmale. „Da wurden die Jünger froh, dass sie den Herrn sahen." Noch ist es eine sehr verhaltene Freude; als hätten sie ihre von Angst verschlossenen Türen erst einen Spalt weit aufgemacht. Noch haben sie auch nicht begriffen, dass seine Wundmale mehr sind als ein bloßer Identitätsausweis. Noch wissen sie nicht, dass seine Passion auch nach Ostern nicht zu Ende ist. Denn sie wird sich ja fortsetzen in denen, die um seinetwillen in Konflikte geraten; in Konflikte, die sie ohne ihn hätten vermeiden können.

Deshalb gibt Jesus seinen Jüngern den Frieden, aber es ist kein privater, kein bloßer Seelenfriede. Er sendet sie mit diesem Frieden zugleich in alle Welt, dorthin, wo dieser Friede ersehnt und erhofft wird; wo er vor allem vonnöten ist.
„Gleichwie mich mein Vater gesandt hat, so sende ich euch."
Sie sind Gesandte; sie sollen wissen, woher sie kommen; wer sie sind, auch wenn sie wie andere Gesandte keinen Immunitätsschutz verlangen können.
Sie haben keinen leichten Auftrag, denn sein Friede weiß nichts von falscher Versöhnung. Mit ihm unterwegs zu sein, heißt das Böse böse und das Gute gut zu nennen. Eine Aufgabe, die manchmal jenseits von aller Diplomatie sein muss. Die viele beim gegenwärtigen Papst erfüllt sehen und bei unseren Bischöfen oft schmerzlich vermissen.

„Und da er das gesagt hatte, blies er sie an." Wie mit neuem Odem; wie mit neuem Leben. Indem er sie anbläst, geschieht seine Auferstehung in ihnen selbst. Indem er sie anbläst, wird sein Geist in ihnen lebendig.
„Nehmt hin den Heiligen Geist! Welchen ihr die Sünden erlasset, denen sind sie erlassen; und welchen ihr sie behaltet, denen sind sie behalten." Sein Friede ist mehr als Freundlichkeit, die es allen recht macht. Vergeben und Vergebung verweigern. Letzteres klingt hart. Aber nur das Opfer kann Schuld vergeben, niemand kann im Namen der Opfer die Täter reinwaschen. Und Schuld kann auch nur vergeben werden, wo sie eingesehen wird. Wer sich nicht schuldig fühlt, braucht keine Vergebung.
Lösen und Binden. Eine priesterliche Aufgabe. Aber keine, die ans kirchlich ordinierte Amt gebunden wäre, sondern an das Priestertum aller Glaubenden. Die Jünger werden es nicht immer leicht haben mit seinem Auftrag. So wie er selbst es nicht leicht hatte, einen Frieden herzustellen, den die Welt sich nicht selbst geben

kann. Weil sie die Schuld vertuscht oder beschönigt; weil sie sich selbst freispricht und die Schuld des anderen sucht.
Der Geist befähigt hier die Jünger dazu, einen jeden bei seiner Schuld zu behaften, aber auch die Schuld zu lösen, wenn dadurch das Vertuschen und das Sich-selbst-reinigen und das Abschieben ein Ende hat. Keine Frage, dass wir, dass alle, die im Namen der Kirche sprechen und handeln mehr von diesem Geist brauchen.

Thomas kann nicht glauben, was die Zehn gesehen und erfahren haben. Er will selbst sehen. Und er will mehr als sehen. „Wenn ich nicht in seinen Händen sehe die Nägelmale und lege meine Finger in die Nägelmale und lege meine Hand in seine Seite, so kann ich´s nicht glauben."
Was bedeutet Glaube für Thomas? Dass ein Toter wieder lebendig wird? Dass mit dem Tod irgendwie nicht alles aus ist? Thomas besteht auf der Identität des Auferstandenen mit dem, der gekreuzigt worden war. Das ist das Besondere an ihm. Ihm genügt nicht Jesu Stimme oder eine Geste oder gar Jesu Angesicht; er will seine Finger in die Nägelmale, seine Hand in die mit einem Speer geöffnete Seite legen.

Natürlich will er sicher sein, dass der, den die Jünger gesehen haben, auch wirklich der am Kreuz Getötete ist. Aber er will umgekehrt auch sicher sein, dass der Auferstandene der Gekreuzigte bleibt; dass der Auferstandene die Kreuzigung nicht einfach hinter sich gelassen hat; den Karfreitag nicht einfach abgestreift hat wie eine alte Hülle oder wie ein Schmetterling die verpuppte Raupe hinter sich lässt und in den Himmel fliegt; als wäre der Karfreitag, als wäre die ganze Passion nur eine Durchgangsstation zur Auferweckung gewesen. Thomas will sicher sein, dass mit dieser Auferstehung ein neues Licht, eine neue Hoffnung auf alle Gekreuzigten fällt. Sein Unglaube verlangt danach, dass der Friede, den Jesus gibt, ein Friede ist, der wirklich dieser Welt gilt, ihren realen Wunden, ihren Gekreuzigten, ihren Opfern, ihren zu Tode Gequälten. Sein Unglaube verlangt nach einer Hoffnung, die größer und weiter ist als die nach einer nur privaten Auferstehung.

„Mein Herr und mein Gott" , am Ende ist es mehr als ein bloßes Sehen, am Ende ist Thomas überwältigt; am Ende ist er ergriffen; am Ende hat ihn jener Schrecken, jene Gottesfurcht ergriffen, die nicht nur alle Furcht vor den Menschen austreibt, sondern auch alle Hoffnungslosigkeit, allen Zynismus angesichts der Karfreitage, die noch und immer noch kein Ende haben.
„Mein Herr und mein Gott", Thomas und die anderen werden sich nicht mehr verbarrikadieren; alle Furcht und alle Angst fallen von ihnen ab und sie gehen mit dem Evangelium an die Öffentlichkeit. „Selig sind, die nicht sehen und doch glauben" - was am Ende wie ein Tadel an Thomas klingt, richtet sich an uns, an alle

nachgeborenen Christen: Selig sind, die noch nicht sehen und doch schon glauben. Selig sind, denen die Gottesfurcht jetzt schon alle Menschenfurcht, wenn nicht vollkommen austreibt, so doch vollkommen in Frage stellt. Und selig sind, die von diesem Frieden nicht lassen können, einem Frieden, der dieser Welt gilt und doch höher ist als alle menschliche Vernunft. Der möge unsere Herzen und Sinne bewahren in Christus Jesus.

Das offene Paradies

Nun aber ist ohne Zutun des Gesetzes die Gerechtigkeit, die vor Gott gilt, offenbart, bezeugt durch das Gesetz und die Propheten. Ich rede aber von solcher Gerechtigkeit vor Gott, die da kommt durch den Glauben an Jesus Christus zu allen, die da glauben. Denn es ist hier kein Unterschied: sie sind allzumal Sünder und mangeln des Ruhmes, den sie bei Gott haben sollten, und werden ohne Verdienst gerecht aus seiner Gnade durch die Erlösung, die durch Christus Jesus geschehen ist. Den hat Gott für den Glauben hingestellt in seinem Blut als Sühnopfer, damit Gott erweise seine Gerechtigkeit. Denn er hat die Sünden vergangener Zeiten getragen in göttlicher Geduld, um nun zu diesen Zeiten seine Gerechtigkeit zu erweisen, auf dass er allein gerecht sei und gerecht mache den, der da ist des Glaubens an Jesus. Wo bleibt nun der Ruhm? Er ist ausgeschlossen. Durch welches Gesetz? Durch der Werke Gesetz? Nicht also! Sondern durch des Glaubens Gesetz. So halten wir nun dafür, dass der Mensch gerecht werde ohne des Gesetzes Werke allein durch den Glauben. (Römerbrief 3, 21-28)

Dieser Abschnitt aus dem Römerbrief des Apostels Paulus ist wie ein harter steiniger Acker, in dem Martin Luther aber nach tage- und nächtelangem Graben den Schatz seines und unserer aller Leben gefunden hat. Davor hatten ihn die Worte „Gerechtigkeit" und „gerecht" jahrelang immer wieder in die Verzweiflung getrieben. In einem seiner Lieder heißt es: „Die Angst mich zu verzweifeln trieb, dass nichts denn Sterben bei mir blieb, zur Höllen musst ich sinken."
Warum? Weil Luther wie alle anderen auch unter „Gerechtigkeit" jene Eigenschaft eines Menschen oder eben auch Gottes verstand, die jedem das Seine zuteil werden

lässt; das, was er verdient - worauf aber könnte ein Mensch dann seine Hoffnung richten im Leben und im Sterben?

Im Rückblick auf das, was man die reformatorische Erkenntnis nennt, schreibt Luther: „Da fing ich an, die Gerechtigkeit Gottes als eine solche Gerechtigkeit zu begreifen, durch die Gott die Glaubenden gerecht spricht; eine Gerechtigkeit also, durch die uns Gott aus Gnaden und Barmherzigkeit gerecht spricht …Nun fühlte ich mich ganz und gar neugeboren, die Tore hatten sich mir aufgetan, ich war in das Paradies selber eingegangen."
So wurde denn ein Satz unseres heutigen Predigttextes zum Schatz im Acker und zum Kernsatz der Reformation: „So halten wir nun dafür, dass der Mensch gerecht wird ohne des Gesetzes Werke, allein durch den Glauben." Mit dieser Erkenntnis, dass nicht Werke den Menschen vor Gott gerecht machen, hat die Reformation einst ein kirchliches Herrschaftssystem unterhöhlt und aufgebrochen, das auf der auch ökonomisch bedeutsamen Ausbeutung menschlicher Angst basierte.

Was aber können wir heute mit dieser Lehre von der Rechtfertigung anfangen? Wir haben ja schon Schwierigkeiten allein mit dem Wort „Rechtfertigung". Wir gebrauchen es fast ausschließlich im Sinne von „sich rechtfertigen"; „zeigen, dass man Recht hat"; dass man wenigstens unter den gegebenen Umständen gar nicht anders konnte. Schon die Vorstellung, dass ein Mensch einen anderen rechtfertigt, ist uns fremd. Wir sagen dann eher, dass wir ihn verteidigen.
Noch fremder aber muss uns der Gedanke sein, dass ein Mensch gerechtfertigt wird, der gar nicht im Recht ist; sondern sich vergangen hat, sich schuldig gemacht oder versagt hat. Und wenn Paulus hier schreibt, dass wir allesamt Sünder sind und der Rechtfertigung bedürfen, dann werden das viele Menschen als eine Kränkung und Demütigung empfinden, die sie für ungerecht halten.

Und schließlich sieht es so aus als würden wir hier mit einem Gottesbild konfrontiert, dass uns mehr als mittelalterlich vorkommen muss. Denn hier ist ja von Sühne und vom Blut Christi die Rede, das zum Erweis göttlicher Gerechtigkeit vergossen wurde. Und das klingt ja so, als würde Gott seinen gerechten Zorn zwar nicht an den schuldig gewordenen Menschen auslassen, sondern „nur" an seinem unschuldigen Sohn. Aber das würde ja noch viel schlimmer sein, wenn wir es mit einem Gott zu tun hätten, der seinen Sohn opfert, weil er nur durch das Blut eines Unschuldigen versöhnt werden könnte oder sich versöhnen lassen würde.
Vergessen wir für einen Augenblick diese Fragen und denken wir noch einmal an den Kernsatz der Reformation: „So halten wir nun dafür, dass der Mensch gerecht werde ohne des Gesetzes Werke allein durch den Glauben.

Gerecht, richtig, vollkommen, überhaupt ohne Werke, d.h. ohne vorzeigbare Leistung, ohne irgendeinem Kriterienkatalog entsprechen zu müssen; ohne irgendeinen Zweck zu erfüllen; ohne nachweisen zu müssen, wozu man noch zu gebrauchen ist.
In einer gewinn- und erfolgsorientierten Hochglanzgesellschaft leiden die am meisten, die vordergründig zu nichts mehr nütze sind; die vordergründig nicht mehr gebraucht werden: Arbeitslose, Alte, Sterbenskranke, Menschen mit schweren Beschädigungen, vielleicht auch Verwirrte, die einem das Leben schwer machen können; aber auch sogenannte Leistungsträger, die auf einmal seelisch erkranken, weil sie den selbstgesteckten oder von anderen geforderten Zielen nicht mehr entsprechen.
Fulbert Steffensky hat einmal gesagt: „Es ist etwas wundervoll Widerborstiges und Anarchistisches in einer Gesellschaft, die Alte, Kranke, Behinderte sichtbar sein lässt. Eine solche Gesellschaft weiß, dass das Ziel des Menschen nicht seine Verwertbarkeit ist." Kein Mensch muss sich selbst rechtfertigen durch seine Arbeit, durch seine Intelligenz, seine Schönheit, seine Leistungsfähigkeit oder eben mit dem Apostel Paulus gesprochen durch seine Werke. Darin steckt eine Freiheit, die wir noch gar nicht ausgelotet haben. Wir müssen uns nicht beweisen durch gute oder großartige Taten. Natürlich können wir uns an der Leistung anderer oder auch an der eigenen erfreuen. Aber wir müssen uns nicht selbst beweisen. Jeder Mensch wie leistungsstark oder leistungsschwach er auch immer ist, darf und kann ungerechtfertigt da sein.
Wenn Paulus sagt, dass wir allesamt Sünder sind, dann will er uns nicht demütigen oder uns in ein moralisch schlechtes Licht setzen - dann meint er, mit dieser Freiheit von aller Selbstrechtfertigung würden sich die Menschen in aller Regel nicht begnügen. Immer würden wir danach streben, uns aus den eigenen Werken und Taten zu beweisen; immer würden wir von daher unsere Daseinsberechtigung herleiten. Und würden uns damit unter ein selbstgemachtes Gesetz stellen, nämlich unter das Gesetz, das jeder das zu bekommen habe, was er verdient. Jedem das Seine.

Martin Luther hatte sich an dieser Art von Gerechtigkeit abgearbeitet: „Ich wollte vor Gott recht sein, wollte vor ihm, dem gerechten Gott bestehen können." Und hatte ihn darüber verloren. Bis ihm aufging, wovon Paulus schreibt. Gott ist nicht in unserem Sinne selbst gerecht. Er sitzt nicht ungerührt auf seinem Thron, wenn Menschen zugrunde gehen – durch eigene Schuld, ihre Unvernunft, ihre Verblendung oder durch ihre offene Bosheit. Gott muss nicht etwa durch das Blut seines Sohnes versöhnt werden, damit er den Menschen vergeben könnte. Im Gegenteil, nicht Gott muss versöhnt werden, sondern er ist es, der die Welt mit sich versöhnt. Paulus spricht von

der Erlösung, die durch Christus geschehen ist; wörtlich von einem Loskauf; von einem Loskauf von dem Zwang, sich selbst beweisen zu müssen. Das ist das Hauptmerkmal eines christlichen Profils.
Noch einmal Fulbert Steffensky: „Das Leben ehren ohne, dass es sich durch irgendeinen Zweck rechtfertigen müsste. Deshalb liegt die Ehre des Menschen, seine Würde nicht einfach in ihm selbst, nicht einfach in seinem menschlichen Antlitz.“ Das menschliche Antlitz wird Menschen bis auf den heutigen Tag immer wieder abgesprochen. Die menschliche Würde, die menschliche Ehre liegt außerhalb von uns selbst; sie liegt darin, dass Gott sein Liebstes, sein Ein-und-alles, dass er sich selbst in Christus für uns gegeben hat.
Mit dieser Erkenntnis hatte sich für Luther das Tor zum Paradies aufgetan. Und deshalb singen wir zu Weihnachten mit Luthers Worten: „Heut schleußt er wieder auf das Tor zum schönen Paradeis.“ Und deshalb heißt es bei der Feier des Abendmahls: für dich gegeben, für dich vergossen.

(Neben Gedanken von Fulbert Steffensky sind in diese Predigt auch Gedanken und Formulierungen von Wilfried Härle eingegangen.)

Offenbar werden

Du aber, was richtest du deinen Bruder? Oder, du anderer, was verachtest du deinen Bruder? Wir werden alle vor dem Richterstuhl Gottes dargestellt werden . Denn es steht geschrieben (Jesaja 45, 23): „So wahr ich lebe, spricht der Herr, mir sollen sich alle Knie beugen, und alle Zungen sollen Gott bekennen.“ So wird nun ein jeglicher für sich selbst Gott Rechenschaft geben. Darum lasst uns nicht mehr einer den anderen richten; sondern richtet vielmehr darauf euren Sinn, dass niemand seinem Bruder einen Anstoß oder Ärgernis bereite. (Römerbrief, 14, 10-13)

„Wir werden alle vor den Richterstuhl Gottes treten müssen.“ Paulus scheint hier tief in die Mottenkiste mythologischer Drohgeschichten zu greifen. Die aufgeklärte Vernunft jedenfalls wird ihm vorhalten, dass er mit der Angst arbeitet - mit der Angst vor der strafenden Allmacht Gottes. Dagegen sollte doch moralisches Handeln nicht aus Angst vor Strafe erfolgen, sondern aus dem freien Respekt vor dem Recht und aus Achtung vor der Würde des anderen geschehen. Wozu brauchten wir da noch diese vormodern anmutende Vorstellung von Gott als einem Richter? Und so ist ja auch der strenge Richter längst durch den nur noch barmherzigen Vater abgelöst.

Seit langem schon ist es nicht mehr der Mensch, der sich vor Gottes Richterstuhl zu verantworten hat, sondern Gott muss seine Existenzberechtigung und seinen Nutzen vor dem Forum des kritischen religiösen Verbrauchers ausweisen. Die kirchliche Rede von Gott soll deshalb für viele am besten verbraucherfreundlich und natürlich kundenorientiert sein. Gott als Richter - diese Vorstellung würde nur unsere Gewissen beschweren und uns die Freude am Leben vergällen.

„Wir werden alle vor den Richterstuhl Gottes treten müssen.“ Im Glaubensbekenntnis haben wir gerade gesprochen: „von dort wird er kommen, zu richten die Lebenden und die Toten.“ Nicht nur Paulus, nicht nur das gesamte Neue Testament, auch die kirchliche Tradition hält trotz allem am Gericht fest. Denn der biblische Gott ist ein Gott des Rechts und der Gerechtigkeit. Er vergisst weder die Täter noch die Opfer, deren Schrei nach Gerechtigkeit auch mit dem Tod nicht verstummt - wie es am Anfang der Bibel heißt: „Die Stimme des Blutes deines Bruders schreit zu mir von der Erde.“ Wäre es anders, würden wir einen Gott glauben, der noch auf jede menschliche Gnadenlosigkeit, auf jede Unbarmherzigkeit nur mit unverminderter und steter Freundlichkeit reagieren würde - wir würden nicht Gott glauben, sondern den Wunsch pflegen, doch letztlich irgendwie ungeschoren davon zu kommen.

„Wir werden alle vor dem Richterstuhl Gottes offenbar werden“ - das gehört zu unserem menschlichen Leben dazu. Über unserem Leben herrscht keine

Gleichgültigkeit. Wir werden ernst genommen. Wir werden gefragt, und wir werden antworten müssen. Das gehört zur Würde eines menschlichen Lebens dazu. Wir werden nicht irgendwie unerkannt durchrutschen. Einmal werden wir endgültig unser Gesicht zeigen müssen. Und das heißt auch: einmal werden wir wissen, was wir wirklich getan haben und wer wir in Wahrheit sind.

„Wir werden alle vor den Richterstuhl Gottes treten müssen." Paulus erinnert uns daran, weil er uns davor bewahren will, letzte Urteile über andere Menschen zu verhängen: „Du aber, was richtest du deinen Bruder? Oder du, was verachtest du deinen Bruder?" Paulus hatte von einem Konflikt in der römischen Gemeinde gehört. Dort gab es zwei Parteiungen. Die einen aßen kein Fleisch, sie waren (notgedrungen) Vegetarier; sie hatten Angst, dass das Fleisch, das sie auf dem Markt kaufen mussten, unreines Fleisch sein könnte; Fleisch, das aus den heidnischen Tempeln, also Götzenopferfleisch sein könnte. Darüber hinaus beachtete diese Gruppe bestimmte Tage, vermutlich die jüdischen Feier- und Fastentage; sie wollten nicht aufgeben, was sie von Kindheit an gelernt hatten. Paulus hält diese aus dem Judentum kommenden Beschränkungen für unnötig, weil in der Taufe die Unterschiede zwischen Juden und Heiden aufgehoben sind. Paulus nennt diese Gruppe „die Schwachen". Die andere nennt er „die Starken". Sie berufen sich eben auf die Taufe und die damit verbundene Freiheit allen irdischen Gesetzen gegenüber. Beiden will Paulus sagen, dass jeder nach seiner Überzeugung leben darf und dass gerade deswegen niemand dem anderen seine eigene Überzeugung zur Pflicht machen darf. Die Schwachen sollen nicht über die Starken zu Gericht sitzen und die Starken sollen die Schwachen nicht verachten.

In den heutigen christlichen Gemeinden entzünden sich die Konflikte an anderen Fragen. Wohin soll der Weg der Gemeinde gehen? Wieviel Rücksicht müssen wir nehmen auf die Jungen und die Alten; auf die, die schon immer dazu gehört haben und auf die, die man neu gewinnen möchte. Das Schlimme ist, dass sachliche Konflikte häufig eine sehr persönliche Färbung bekommen - bis dahin, dass die Fragen des Paulus berechtigt sein können: „Du aber, was richtest du deinen Bruder? Und du, was verachtest du deinen Bruder?" Paulus erinnert die beiden Parteiungen in Rom und uns alle daran, dass nicht wir es sind, denen ein letztes Urteil über den anderen zusteht.

„Denn wir müssen alle offenbar werden vor dem Richterstuhl Gottes, damit" - wie Paulus an anderer Stelle fortfährt - „damit jeder seinen Lohn empfängt für das, was er bei Lebzeiten getan hat, es sei gut oder böse." Paulus vertritt also tatsächlich das, was man etwas abschätzig den Lohngedanken genannt hat. Unsere Taten und Werke behalten ihr Gewicht. Wir werden Rechenschaft ablegen. Wir werden unsere eigenen

Taten und Unterlassungen in einem Licht sehen, das uns jede Rechtfertigung aus unseren Werken nehmen und ad absurdum führen wird. Denn Paulus benennt mit einem Zitat aus dem Propheten Jesaja das Ziel dieses letzten und endgültigen Gerichtes: „So wahr ich lebe, spricht der Herr, mir sollen sich alle Knie beugen und alle Zungen sollen Gott bekennen." Und wörtlich folgt im Jesaja-Buch der Satz: „Und alle Zungen sollen schwören und sagen: Im Herrn habe ich Gerechtigkeit und Stärke. Aber alle, die ihm widerstehen, werden zu ihm kommen und beschämt werden."

Alle Knie sollen sich beugen und alle Zungen sollen bekennen. Die der Täter und die der Opfer. Am Ende steht mehr als eine Gerechtigkeit, die die Bösen bestraft und die Guten belohnt. Am Ende steht eine Gerechtigkeit, die den Schrei der Opfer in der Anbetung zu stillen vermag. Und ebenso die Bosheit der Täter beschämen und in der Anbetung verwandeln wird; verwandeln bis dahin, dass Gott alles in allem sein wird.

„Geist aus Gott"

„Wir aber haben nicht empfangen den Geist der Welt, sondern den Geist aus Gott, dass wir wissen können, was uns von Gott geschenkt ist. Und davon reden wir auch nicht mit Worten, welche menschliche Weisheit lehren kann, sondern mit Worten, die der Geist lehrt, und deuten geistliche Sachen für geistliche Menschen. der natürliche Mensch aber vernimmt nichts vom Geist Gottes; es ist ihm eine Torheit, und er kann es nicht erkennen; denn es muss geistlich verstanden sein. Der geistliche Mensch aber ergründet alles und wird doch selber von niemand ergründet. Denn „wer hat den Sinn des Herrn erkannt, oder wer will ihn unterweisen?" (Jes. 40, 13) Wir aber haben Christi Sinn."(1. Korintherbrief 2, 12-16)

Das sind stolze, das sind schwindelerregende, das sind Wahnsinnssätze: „Wir aber", sagt Paulus, „wir aber haben Christi Sinn. Wir haben den Geist aus Gott empfangen." „Der geistliche Mensch ergründet alles und wird doch selbst von niemandem ergründet." Kann sein, dass manche hier dem Apostel Paulus unterstellen, er sei beim

Schreiben dieser Passage wie angeblich die Jünger Jesu an Pfingsten voll des süßen Weins gewesen. Wahrscheinlicher aber ist es, dass unser normales, an der Oberfläche sich bewegendes Alltagsbewusstsein uns nahe legt, Paulus zu widersprechen und ihm zu sagen: Wir nicht! Wir haben diesen Geist aus Gott nicht empfangen; wir ergründen durchaus nicht alles. Und wir werden ständig beurteilt und manchmal auch verurteilt. Bevor wir uns aber in unserer selbstgemachten Kleinheit und in unserer uns lieb gewordenen Unbedeutenheit verschanzen, sollen wir wenigstens anfangen zu staunen; sollen wir wenigstens staunen ob der Schönheit, die aus diesen Sätzen spricht und auch ob des Stolzes, der darin steckt. „Wir aber haben nicht den Geist der Welt empfangen, sondern den Geist aus Gott, damit wir wissen, was uns von Gott geschenkt ist."

Unmittelbar davor spricht Paulus von der heimlichen, von der verborgenen Weisheit Gottes, die die Welt nicht erkennen kann. Und er spricht von den Tiefen der Gottheit, die allein der Geist Gottes zu durchdringen vermag. Und dann sagt er „Wir", wir aber haben den Sinn, den Geist Christi. An kirchlichen Minderwertigkeitsgefühlen, weil die Menschen die Fußballstadien füllen und viele Kirchen leer bleiben, hat Paulus offenbar nicht gelitten.

Wir aber haben den Sinn Christi – Paulus deutet hier an, dass er das, „was kein Auge gesehen und kein Ohr gehört hat und keinem Menschen ins Herz gestiegen ist", dass er genau das nun im Sinn hat. Im Johannesevangelium sagt Jesus einmal: „Und wenn ich von der Erde erhöht bin, werde ich alle zu mir ziehen." Seitdem geht wie Rudolf Bohren einmal gesagt hat, sein Ziehen durch die Welt. Da wird sein Sinn unser Sinn, da lernen wir mit seinen Augen zu sehen und mit seinen Ohren zu hören.

Paulus sieht mehr als die real existierende Kirche. Er sieht die Gemeinde in Korinth mit den Augen Christi. Er sieht ihren Reichtum, den sie empfangen hat; keinen materiellen Reichtum – um den, weil er abnimmt, heute in der Kirche so viele Verteilungskämpfe stattfinden. Paulus sieht den Reichtum an Glaube, an Hoffnung, an Liebe untereinander und denen gegenüber, die nicht zur Gemeinde gehören. Natürlich sieht Paulus auch die real existierende Gemeinde. Er sieht die inneren Spaltungen in Korinth; er sieht, dass da Starke sind, die sich über die Schwachen erheben. Aber er will den Korinthern und uns das Starren auf die wenig inspirierende Realität nehmen und sie darüber hinaus führen: „Wisst ihr nicht...?" wird er sie später fragen, „wisst ihr nicht, dass ihr der Tempel, die Wohnstatt Gottes seid?" Hier sagt er sein „Wir": Wir aber haben nicht empfangen den Geist der Welt.

Den Geist der Welt braucht man auch gar nicht zu empfangen. Der ist nämlich schon immer in uns drin. Das ist dieser Geist, der das Gute will und das Böse vollbringt; der

Leben will und Tod produziert. Das ist dieser Geist, der von sich meint, er sei „doch nicht blöd", der zwar noch sein Schnäppchen macht, aber sich auf der anderen Seite nichts schenken lässt. Der glaubt, alles sei auf seinem eigenen Mist gewachsen. Der sich seiner Tüchtigkeit und seiner Weisheit rühmt oder verzweifelt darüber ist, dass er zu nichts mehr nütze sei. Der Geist der Welt hat sich nach Paulus am klarsten bezeugt, als er Christus gekreuzigt und geglaubt hat, damit Gott einen Dienst zu erweisen Denn der Geist der Welt handelt immer im höheren Interesse. Die Leichen, über die er geht, nennt er „Kollateralschäden"; die sind ihm die Späne, die fallen müssen, wo an der schönen neuen Welt gehobelt wird.

In der korinthischen Gemeinde lässt der Geist der Welt die Starken über die Schwachen hinwegschreiten. Diesen Geist der Entmündigung, der die einen immer besser wissen lässt, was für die anderen gut ist, den gibt es auch in der Kirche. Diesen Geist aber, sagt Paulus, den haben wir nicht empfangen, sondern den Geist aus Gott, damit wir wissen, was uns von Gott geschenkt ist.

Weil heute Pfingsten ist, sage ich, was das auf Griechisch heißt: „das, was uns geschenkt ist": ta charistenta. Da klingt das griechische Wort „charis" Gnade an, aber auch Charme und Anmut: Gnade, Charme und Anmut Gottes, die uns seit dem Kind in der Krippe entgegenkommen und die seit Ostern sogar das tote Holz eines jeden Kreuzes noch zum Blühen bringen wird. Für den Apostel Paulus ist mit dem Geschenk Gottes unauflöslich das Kreuz Christi verbunden. Dieses Kreuz, an dem Ohnmacht zu sehen und Allmacht zu ahnen ist; dieses Kreuz verbindet Himmel und Erde, Mensch und Gott, Leben und Tod. Und die Hände an diesem Kreuz segnen die ganze Welt. Und der Schrei der Gott-verlassenheit wandert durch alle Räume und Zeiten in das Ohr und das Herz und in alle Tiefen der Gottheit hinein.

Der natürliche Mensch, so sagt es Paulus, vernimmt nichts von alledem. Er sperrt sich dagegen; sein Herz, das trotzig ist und verzagt zugleich, das sagt ihm ja: So eine Torheit - Gott im gekreuzigten Opfer, Gott in der Schwachheit und Ohnmacht? Ist Gott, wenn überhaupt, nicht dort zu finden, wo der Erfolg ist, wo die Sieger der Geschichte sind?

Der geistliche Mensch dagegen, so sagt es wiederum Paulus, ergründet alles. Er ergründet, was in Gott selbst ist. Er ergründet sein Herz; dieses Herz, das nicht bei sich selbst bleiben kann. Das nicht einfach alles und alle querbeet liebt, sondern das zu dem einen sagt: „Dieser ist mein lieber Sohn, an dem ich Wohlgefallen habe." Dieser eine: das Nadelöhr, durch welches Gott selbst zu uns kommt; dieser eine das Nadelöhr, durch welches wir selbst zu Gott gezogen werden.

Der natürliche Mensch ergründet Gott nicht. Er kann ja noch nicht einmal zu ihm beten. Der natürliche Mensch betet immer nur zu einem Superlativ seiner selbst. Weswegen der Apostel sagt, dass der Geist selbst in uns betet. Er ist es auch, der in uns das Herz Gottes ergründet. Wir sind sein Schauplatz, sein Ort, seine Wohnstätte und sein Tempel. Das macht unser Geheimnis aus und unseren Stolz. Ein Stolz, eine Würde, ein Geist, der nicht aus uns selbst gewachsen ist, sondern den wir in der Taufe empfangen haben und der uns diese fremden und ungewohnten Worte sprechen lässt: „Wir aber“ – Wir aber haben Christi Sinn. Wir wissen, zu wem wir gehören. Paulus nimmt allen Kleinmut und alle Verzagtheit von uns, wenn er an anderer Stelle sagt: „Denn ich bin gewiss, dass weder Tod noch Leben, weder Engel noch Mächte noch Gewalten, weder Gegenwärtiges noch Zukünftiges, weder Hohes noch Tiefes noch irgendein anderes Geschöpf uns scheiden kann von der Liebe Gottes, die in Christus Jesus ist, unserem Herrn."

Mit Christus begraben

Mit Christus wurdet ihr begraben durch die Taufe, und mit ihm seid ihr auch auferstanden durch den Glauben, den Gott wirkt, welcher ihn auferweckt hat von den Toten. Und er hat euch mit ihm lebendig gemacht, die ihr tot waret in den Sünden und in eurem unbeschnittenen Fleisch, und hat uns vergeben alle Sünden. Getilgt hat er den Schuldbrief, der wider uns war und durch die Satzungen gegen uns stand, und hat ihn aus der Mitte getan und an das Kreuz geheftet. Er hat die Reiche und die Gewaltigen ihrer Macht entkleidet und sie öffentlich zur Schau gestellt und hat einen Triumph aus ihnen gemacht in Christus. (Kolosserbrief 2, 12 – 15)

„Ich taufe dich im Namen Gottes, des Vaters und des Sohnes und des Heiligen Geistes. Der Vater Jesu Christi, der dich zu sich nimmt und dich täglich neu machen will, der bewahre und erfülle dich mit Seiner Gnade zum ewigen Leben.“ In diesem Gottesdienst haben wir Greta, ein noch sehr kleines Menschenkind getauft. Wissen wir, der Täufer, die Eltern und Paten, die versammelte Gemeinde – wissen wir, was wir soeben getan haben? Natürlich könnten wir die einzelnen Schritte benennen: wir haben alle gemeinsam das Bekenntnis des Glaubens gesprochen; die Eltern und Paten haben ein Versprechen abgelegt; die Taufformel

wurde korrekt gesprochen, das Wasser, das Element des Lebens, ist geflossen; der Täufling hat das Zeichen des Kreuzes empfangen. Wir haben alles so gemacht wie es der Ritus vorschreibt. Und bestimmt waren die Eltern und Paten, die Großeltern, alle irgendwie von einem Gefühl des Dankes erfüllt; und vermutlich wollten sie das Leben dieses Kindes dem Schutz einer anderen, einer größeren Macht anvertrauen und haben es damit auch in einem gewissen Sinn aus der eigenen Hand gegeben.

Aber in der Taufe steckt darüber hinaus noch etwas anderes: unser Predigttext spricht etwas an, woran man im Angesicht eines kleinen Kindes, eines gerade erst begonnenen Lebens gar nicht denken mag; er spricht nicht nur vom Leben, sondern auch vom Tod und vom Sterben. „Mit Christus wurdet ihr begraben durch die Taufe, und mit ihm seid ihr auch auferweckt durch den Glauben." Alle biblischen Texte, die von der Taufe sprechen, beschreiben diese Bewegung: vom Tod ins Leben; von der Gefangenschaft in die Befreiung; vom Schlaf in die Erweckung; von der Finsternis in das Licht.

Früher trugen alle, die getauft wurden, ein weißes Taufkleid. Und diese Taufkleider hatten keine Taschen. Nicht nur aus praktischen Gründen, sondern aus tieferen symbolischen Gründen. Das Taufkleid sollte an das Sterbekleid erinnern. Denn das Sterbekleid, das Totenhemd, das letzte Hemd hat ja aus gutem Grund keine Taschen. Wer das weiße Taufkleid trug, der konnte also – natürlich als Erwachsener - sinnlich erfahren, dass es bei der Taufe um einen Akt des Sterbens geht. Und wer im fließenden Gewässer getauft wurde, über dem schlugen die Wasser zusammen. Da schien es einen Augenblick als sei er ertrunken, begraben unter den Fluten des Todes. Und in manchen alten Kirchen sieht man noch die großen Taufkessel. Da wurden die Kinder dreimal mit Haut und Haaren untergetaucht.

Martin Luther hat bekanntlich davon gesprochen, dass in der Taufe der alte Adam ersäuft wird. Und der alte Adam ist kein Mensch aus grauer Vorzeit. Das ist jener Mensch in uns, der seit Adam und Eva, d.h. seit Menschengedenken, wie es im Anfang der Bibel heißt „sein will wie Gott"; der sich an die Stelle von Gott setzen will; der selbst entscheiden will über Tod und Leben; der selbst tun will, was Gott allein vorbehalten ist. Diesen alten Adam treffen wir nicht nur in uns selbst an, der sitzt mitunter auch in modernen Labors, an den Schalthebeln der Macht oder in den Pentagons, in denen die Kriegspläne entworfen werden.

Noch die lutherische Taufagende sah früher vor, dass der Täufer dem Täufling bzw. seinen Eltern und Paten eine dreifache Frage vorlegte, die uns heute peinlich vorkommen muss. Da hieß es: Entsagst du dem Teufel? Und allen seinen Werken? Und all seinem Wesen? Auch wenn wir diese Fragen so einfach nicht mehr wiederholen können; eines aber bleibt: Die Taufe markiert auch einen Trennungsstrich. In unserem Predigttext heißt es: „Mit Christus begraben durch die Taufe." In der Taufe allem abgestorben – das meinten die drei alten Tauffragen – in der Taufe allem abgestorben, was uns von Gott trennt. Und hineingetauft in Gott selbst, in seinen Machtbereich, der durch das Zeichen des Kreuzes sichtbaren Ausdruck findet. Freilich, der alte Adam, obwohl er schon einmal und grundsätzlich ersäuft worden ist, er kann, so Martin Luther, trotzdem noch schwimmen. Er lebt in uns als eine ständige Möglichkeit. Und muss deshalb noch täglich wieder neu ersäuft werden. Aber es bleibt dabei: Die Taufe ist diese Bewegung: von der Gefangenschaft in die Befreiung; von der Finsternis ins Licht; vom Tod ins Leben.

Auch die Eltern, die glauben ihr Kind bedingungslos annehmen zu müssen und sich deshalb häufig überfordert fühlen; oder ein schlechtes Gewissen haben, wenn sic lernen sollen, ihr Kind loszulassen – auch die Eltern können Anteil bekommen an diesem Akt der Befreiung, der mit der Taufe verbunden ist. Denn das Kind stirbt in der Taufe als „mein" Kind, als mein persönliches Eigentum, das allein mir gehört, aber auch allein mich fordert - und es „kriecht", wie Luther sagt, „aus der Taufe" als Kind Gottes, das mir, das den Eltern nur vorübergehend anvertraut ist. Auch für den Täufling soll die Taufe zu einem spürbaren Akt der der Befreiung werden: ich bin in seinen, in Gottes Namen hineingetauft; ich habe einen Namen, noch bevor ich mir selbst einen Namen machen müsste. Ich bin auch mir selbst gestorben – allen eigenen Überforderungsansprüchen und allen eigenen ständigen Selbstzweifeln.

Der Predigttext spricht davon, dass der Schuldbrief, der wider uns war und durch das Gesetz gegen uns stand, dass dieser Schuldbrief am Kreuz Christi getilgt worden ist. Und an anderer Stelle im Kolosserbrief heißt es: Unser neues Leben ist verborgen mit Christus in Gott. Das kann also niemand antasten. Das kann niemand uns nehmen. Darauf hat niemand ein Recht. Wenn die Taufe mehr ist als nur ein schöner Wunsch nach Behütung, wenn sie auch mehr ist als nur eine kirchliche Segnung – so schön die sein mag - wenn sie ein Akt der Befreiung ist, dann müssen die Eltern es akzeptieren, dass das getaufte Kind seine eigene Freiheit hat, dann sind zunächst auch die Akte der sog. Overprotektion, die sublimen, die gut gemeinten Bemächtigungsversuche der Familie, der Eltern und Geschwister zurückzuweisen. Aber darüber hinaus auch die Machtansprüche aller anderen gesellschaftlichen oder wirtschaftlichen oder staatlichen Instanzen auf unser Leben. Am Ende unseres Predigttextes heißt es: „Gott hat die Reiche und die Gewaltigen ihrer Macht entkleidet und sie öffentlich zur Schau gestellt und hat einen Triumph aus ihnen gemacht in Christus." Das Bild des Triumphzuges ist leicht zu verstehen. Wie die römischen Feldherren ihre besiegten Gegner im Triumphzug durch Rom getrieben haben, so führt Christus die himmlischen Gewaltigen, die Mächte des Todes und des Bösen durch die obere Welt. Und weil die himmlischen Gewaltigen immer auch die Garanten der irdischen Machthaber waren, deshalb fehlt aller irdischen Macht schon jetzt jede himmlische Legitimation.

Für den Kolosserbrief geht die Taufe weit über den engen persönlichen Lebensbereich hinaus in die Sphäre der irdischen Machthaber. Weil deren Garanten, die himmlischen Gewaltigen, entmachtet sind, deshalb sind schon jetzt alle letzten Ansprüche der irdischen Machthaber zurückzuweisen. Kein Staat, keine gesellschaftliche Institution kann so gegenüber getauftem Leben Rechte anmelden, die etwa in der Hingabe des eigenen Lebens bestehen. Denn die Taufe ist mehr als ein Akt nur der Segnung. Deshalb ist sie auch einmalig – wie die Geburt und wie der Tod. Sie kann nicht wiederholt werden. Und sie wird im Namen jenes Gottes vollzogen, der Menschen aus der Macht des Bösen befreit und sie damit aus den absoluten Bindungen durch andere Mächte herauslöst.

Wissen wir, was in der Taufe geschieht? Vielleicht können wir es bestenfalls erahnen: Auf ewig zu dem gehören, der Anfang und Ende ist; der das Meer ist, von dem wir ein Tropfen sind; der das Feuer ist, von dem wir ein Funken sind. Von dem uns – wie Paulus an anderer Stelle sagt – nichts trennen kann, weder Tod noch Leben, weder Gegenwärtiges noch Zukünftiges, weder Hohes noch Tiefes noch irgendeine andere Macht.

Ungebet

Haltet an am Gebet und wachet in ihm mit Danksagung; und betet zugleich auch für uns, auf dass Gott uns eine Tür für das Wort auftue, zu sagen das Geheimnis Christi, um deswillen ich auch gebunden bin, auf dass ich es offenbar mache, wie es mir zu sagen gebührt. (Kolosserbrief 4, 2-4)

„Ungebet“ so heißt ein kleines Gedicht von Kurt Marti.
Ungebet
da du alles schon weißt
mag ich nicht beten –
tief atme ich ein
lang atme ich aus
und sichc – du lächclst.
Dieses kleine Gedicht – oder besser – dieses kleine Gebet ist etwas für Menschen, die Schwierigkeiten mit dem Beten haben; die sich vielleicht danach sehnen und doch nicht recht wissen, was und wie sie beten sollen; die ihre Zweifel haben. Ist das Gebet nicht wie in den Wind gesprochen? Wird es denn gehört? Gar erhört? Weiß der Himmel nicht auch so, was uns fehlt? Muss Gott denn gedrängt werden, immer wieder bis er sich vielleicht doch irgendwann erweichen lässt? Ist er etwa wie ein Patriarch oder wie ein Despot, der gebeten werden will?
„Haltet an am Gebet!“ oder wie es anderswo in der Bibel heißt: „Betet ohne Unterlass!“ Das klingt, als sollten wir ständig beten. Hat nicht Jesus selbst dagegen schon gesagt: „Plappert nicht wie die Heiden!“? Schließlich kann das Gebet ja nicht endlos sein. Es hat schon von seiner Form her etwas Definitives an sich, etwas Endgültiges. Deshalb schließt es mit Amen. So soll es sein! Gott muss nicht immer und immer wieder gedrängt werden.

„Da du alles schon weißt, mag ich nicht beten.“ Der Autor, dieser Beter betet wie er es nennt ein „Ungebet“. Irgendetwas zwischen Beten und Nichtbeten. Dieser Beter bittet um nichts. Er will nichts. Und spricht doch ein „Du“ an, das uns kennt und das alles schon weiß. Warum aber spricht er überhaupt zu diesem Du? Warum überhaupt beten, wenn „Du“ schon alles weißt?
Sie kennen vielleicht den Psalm 104. Er beginnt mit den Worten: „Lobe den Herrn, meine Seele! Herr, mein Gott, du bist sehr herrlich; du bist schön und prächtig geschmückt; Licht ist dein Kleid, das du anhast.“
Dieser Beter will mit seinen Worten nichts erreichen. Er verfolgt keinen Zweck. Sein Gebet ist kein Mittel, keine Technik, mit der er Gott dazu bringen will, einen Wunsch zu erfüllen. Er spricht die Sprache der Liebenden. Er ist überwältigt. Er staunt über

die Schönheit Gottes. Und er hat für einen Augenblick vergessen, was alles gegen diese Schönheit sprechen könnte.
Auch das „Ungebet“ ist voll von solchem Staunen. „Tief atme ich ein, lang atme ich aus.“ Dieser Beter muss nichts sagen. Er weiß sich eins mit dem, dem er den eigenen Atem, dem er den eigenen Odem zu verdanken hat. Und er weiß, Gott lächelt. Wortloses Einverständnis – wie zwischen Liebenden; grundlose Annahme; reine Anbetung.
Das Gebet ist im schönsten Sinne zwecklos. So zwecklos wie ein Spiel oder wie ein Gedicht oder wie die Liebe selbst zwecklos ist. Ein Gebet bewahrheitet sich nicht dadurch, dass es erfüllt wird; und es verliert seinen Sinn und seine Rechtfertigung auch dann nicht, wenn es in einem direkten Sinn nicht erfüllt wird.
Aber es erinnert mich wie von selbst daran, zu wem ich in Wahrheit gehöre; wem ich in Wahrheit mein Leben verdanke. Wir sind nicht das Ergebnis unserer eigenen Anstrengungen; wie sind auch nicht der Schmied unseres Glückes; wir sind mehr und anderes als wir je aus uns machen könnten.
Das Gebet kann das Glück in Dankbarkeit verwandeln. Dann hat man mehr als „Schwein“ gehabt. Dann bleibt das Glück kein blinder Zufall. Und es kann dem Leid, der erfahrenen Ungerechtigkeit eine Stimme geben; kann es verwandeln in eine Klage, die ein „Du“ bekommt.
„Haltet an am Gebet und wachet in ihm mit Danksagung“. Im Gebet wach sein, aufmerksam sein. Es geht also nicht um eine schläfrige, resignative Dankbarkeit, die alles irgendwie hinnimmt und halb bedauernd sagt: „Man muss ja noch dankbar sein.“ „Wachet mit Danksagung“ – selbst im Dunkel einer Nacht, die manchmal das Leben umfangen kann, selbst oder gerade in solchem Dunkel sollen wir wachen, sollen wir hellhörig dafür werden, dass das Leben in anderen als in menschlichen Händen geborgen ist; dass es, wie der Kolosserbrief an anderer Stelle sagt, „verborgen ist in Christus“.
Dankbarkeit ist in unserer Zeit etwas merkwürdig Altertümliches; ist wie aus der Zeit gefallen. Denn dem Danken haftet ja etwas von Bescheidenheit und Sich-Begnügen an – Tugenden, die schwer zu gebrauchen sind, wenn wir immer schneller, immer mehr, immer neuere und noch schönere Produkte verbrauchen sollen.
Jedes Gebet, in dem solche Dankbarkeit uns erreicht oder aufgeht, die entfremdet unser Leben gleichzeitig dem umfassenden Anspruch einer Gesellschaft, die auf Konsum und Leistung, auf Erfolg und Karriere getrimmt ist.
„Da du alles schon weißt, mag ich nicht beten.“ Unser Text spricht dennoch von der Fürbitte, in der ja konkrete Bitten geäußert werden. Aber es sind immer Bitten im Namen Jesu; Bitten also, die nichts enthalten sollen, was ihm, Jesus, was seinem Willen widersprechen könnte. Und so ist es auch bei der Fürbitte, um die der Apostel

Paulus oder einer seiner Schüler die Gemeinde in Kolossä bittet. Der Briefschreiber sitzt gebunden im Gefängnis. Aber er bittet die Gemeinde nicht, um seine Freilassung zu beten. Er tut das offenbar auch selbst nicht. Warum eigentlich nicht? Er sitzt im Gefängnis, weil er das Evangelium verkündigt hat. Und nun will er sich den Folgen seiner Evangeliumsverkündigung nicht entziehen – genauso wenig wie Jesus sich den Folgen seiner Predigt entzogen hat.

Unser Briefschreiber will das Gegenteil. Er will als Gefangener nicht aufhören, von Christus zu sprechen. Deshalb bittet er die Gemeinde in Kolossä, sie solle ihrerseits darum bitten, dass Gott ihm eine Tür auftue, „zu sagen das Geheimnis Christi".

Als Gefangener will er von Christus sprechen: zu seinen Mitgefangenen – gebunden und doch frei; zu seinen Wärtern – geschlagen, aber nicht gedemütigt; zu denen, die über ihm zu Gericht sitzen werden – angeklagt und doch ihrem Urteil entzogen.

Denn das Geheimnis Christi besteht ja darin, dass unser Leben verborgen ist in Christus; dass es deshalb der Verfügung anderer Menschen letztlich entzogen ist. Und das Geheimnis Christi besteht auch darin, dass Gott selbst in Christus verborgen war; dass in ihm schon einmal der Himmel zur Erde kam. Deshalb müssen wir nicht das Unmögliche tun und versuchen, im Gebet Gott zu erreichen, zu erspüren oder zu finden. Denn auch im Gebet sind wir immer schon Gefundene. „Haltet fest am Gebet" – Betet ohne Unterlass! Natürlich: Nicht endlos plappern wie die Heiden. Aber wer sich trotz mancher Schwierigkeiten auf den Weg des Betens machen will, für den hat Fulbert Steffensky aus seiner Erfahrung als ehemaliger Mönch ein paar Regeln aufgeschrieben. Drei davon will ich nennen – für einen Anfang.

Das Gebet braucht die Regelmäßigkeit. Man darf nicht nach Lust oder Laune oder gerade nach Lage der Dinge mal beten. Es braucht eine feste Zeit. Man darf es also nicht verschieben. Und vor allem: man darf sich nicht überfordern: einen Psalm lesen; ein Wort daraus besonders auf sich wirken lassen. Nichts verstehen wollen. Das Vater unser sprechen und einen Segen.

Dass das Gebet womöglich in den Wind gesprochen ist oder seinen Adressaten nicht erreichen könnte – das soll dabei nicht unsere Sorge sein. Deshalb haben sich die Alten eine schöne Geschichte erzählt:

In ihr heißt es, dass die Gebete der Menschen zwar gen Himmel gerichtet sind, aber wieder zurückfallen auf die Erde. Aber dann kommen die Engel, heben die Gebete auf, sammeln sie ein und tragen sie vor den Thron des Ewigen. Und dort übersetzen sie die Gebete der Menschen; übersetzen sie in eine Sprache, die niemanden ausgrenzt und niemanden vergisst, die alles am Ende gut macht.

Christ? Ach, interessant!

Darum, so begürtet die Lenden eures Gemütes, seid nüchtern und setztet eure Hoffnung ganz auf die Gnade, die euch dargeboten wird in der Offenbarung Jesu Christi. Solches tut als gehorsame Kinder und bleibt nicht bei dem, was vormals war, da ihr in Unwissenheit nach den Lüsten lebtet; sondern wie der, der euch berufen hat und heilig ist, seid auch ihr heilig in allem euren Wandel! Denn es steht geschrieben (3. Mose 19, 2): „Ihr sollt heilig sein, denn ich bin heilig." Und da ihr den als Vater anrufet, der ohne Ansehen der Person richtet nach eines jeglichen Werk, so führet euren Wandel, solange ihr hier als Fremdlinge lebt, mit Furcht und wisset, dass ihr nicht mit vergänglichem Silber oder Gold erlöst seid von eurem eitlen Wandel nach der Väter Weise, sondern mit dem teuren Blut Christi als eines unschuldigen und unbefleckten Lammes. (1. Petrus 1, 13-19)

Ein paar Zahlen und eine Karikatur vorweg. Zunächst die Zahlen. Es sind Zahlen zur evangelischen Kirchenmitgliedschaft in den Kirchengemeinden Altonas – gemessen an der jeweiligen Wohnbevölkerung. Auch wenn die Zahlen schon ein paar Jahre alt sind, sie geben einen deutlichen Trend an: Christuskirche 50%, Melanchthonkirche 44%, Lutherkirche 28%, Pauluskirche 24%, St.Trinitatiskirche 24%, Osterkirche 20% Evangelische an der Wohnbevölkerung. Sicher ist die Landkarte in Deutschland – was die Kirchenmitgliedschaft angeht – noch bunter, noch fleckiger, der Weg der Kirchen in die Minderheit aber ist unumstritten. In weiten Teilen Deutschlands sind die Gemeinden bereits in einer deutlichen Minderheitensituation.

Und nun die Karikatur. Sie ist nicht böswillig gemeint. Sie stammt aus einer christlichen Zeitschrift: Irgendeine Party. 5 Leute stehen zusammen. Man spricht offenbar über Religion. Vier gucken den Fünften an: freundlich, distanziert, etwas ratlos. Einer hat dem Fünften eine Frage gestellt: „Christ?! Ach! Interessant! Und was macht man da so?" – Die Schultern des Angesprochenen sind nach unten gesackt, das Gesicht rot angelaufen; die Augen gucken betreten nach unten.

Auch wenn Karikaturen natürlich überspitzen, manchmal bringen sie eine Sache auf den Punkt. Hier sind es zwei Punkte. Der erste besagt: Christen, zumal bekennende Christen, sind auf dem besten Weg zu etwas Exotischem zu werden. Ihnen schlägt eine distanziert-freundliche Ahnungslosigkeit entgegen. Und der zweite Punkt besagt: diese Ahnungslosigkeit der anderen offenbart eine peinliche Ahnungslosigkeit vieler Christen über sich selbst. Christ? Aber was macht man da eigentlich so? In einer nachchristlichen Gesellschaft schlägt den Christen keine offene Ablehnung entgegen;

aber sie müssen sich direkte Fragen gefallen lassen; sie werden mit Fragen konfrontiert, auf die sie selbst keine so ganz genauen Antworten wissen. Wer sind wir in einer mehrheitlich nichtchristlichen Gesellschaft? Was glauben wir? Worin unterscheiden wir uns von anderen? Der Verfasser des 1. Petrusbriefes geht dieser Frage nach. Er fragt nach dem besonderen Verhalten der kleinen Christenheit in den Institutionen und im Leben einer nichtchristlichen Gesellschaft.

Sicher stammt der 1. Petrusbrief nicht vom Apostel Petrus. Aber der Verfasser stellt sich in die Tradition dessen, der in Rom den Märtyrertod erlitten hat. Und vielleicht ist sein Brief weniger ein wirklicher Brief, sondern eher eine Art Manifest. Denn dieses Schreiben ist an alle Christen gerichtet, die in der heutigen Türkei verstreut und als Minderheit leben. Die Gemeinden kennen offenbar Texte aus dem Alten Testament. Aber dennoch sind sie keine Juden, denn der Verfasser schreibt, dass sie erst durch die Taufe zu Kindern der Sarah und des Abraham geworden sind. Wichtige Leute in der Gemeinde, so kann man dem Schreiben entnehmen, wichtige Leute sind Sklaven und Frauen, die mit nichtchristlichen Männern verheiratet sind. Die Gemeinden gehören auch nicht mehr zur jüdischen Synagoge. Sie genießen deshalb auch nicht mehr den Schutz, den der römische Staat den jüdischen Gemeinden zugestanden hatte. Dennoch ist es für die Christen keine Frage, dass sie am Alten Testament als Heiliger Schrift festhalten. Ein großes Problem für die Gemeinden ist offenbar die Abgrenzung gegenüber der sozialen Umwelt der Heiden. Dieses Problem geht durch Familien und durch Freundschaften. Wie lebt man als Christen inmitten einer nichtchristlichen Gesellschaft? Zumal, wenn die Gemeinde in der Öffentlichkeit nicht nur auffällt, sondern in Konflikte gerät, die ihr noch ungewohnt sind. Konflikte, die sich daran entzünden, wenn man eine staatlich anerkannte Religion mit dem dazugehörigen Kaiserkult verlässt; Konflikte, die am konkreten Lebenswandel entstehen und die zu Anfeindungen, zu Schikanen, zum Ausschluss aus dem gesellschaftlichen Leben bis hin zu staatlich verordneten Verfolgungen führen können.

Wer sind wir? Und wie sollen wir uns verhalten? Hier am Anfang des Briefes wird nicht gesagt, dass die Christen durch gute Taten ihre gesellschaftliche Anerkennung erreichen sollen. Davon ist zwar später auch die Rede. Aber hier geht es zunchst darum, den Christen die Augen dafür zu öffnen, wer sie in Wahrheit sind. Und der Verfasser knüpft an die gesellschaftliche Situation der Christen an. Sie fühlen sich als Fremdkörper in ihrer Umgebung. Sie gehören irgendwie nicht so richtig in die Welt ihrer Nachbarn, ihres Dorfes, ihrer Stadt hinein. Aber der Verfasser meint, das sei normal, das sei genau richtig. „Führt euer Leben, solange ihr in der Fremde weilt, in Gottesfurcht." Die Christen verbringen ihre Lebenszeit in der Fremde. Im gewissen

Sinne fremd zu sein in dieser Welt, in dieser Gesellschaft, das sei sozusagen ihr wahrer Status. Anderswo wird ihnen der Vorwurf gemacht, sie seien vaterlandslose Gesellen. Und dieser Vorwurf hat auch seine Berechtigung. Denn sie sind hier nicht wirklich beheimatet. An anderer Stelle des Neuen Testamentes heißt es, ihr Bürgerrecht, das Bürgerrecht der Christen sei – schlicht gesagt – im Himmel.

Den Grund für dieses Fremdsein nennt der Verfasser nur in einem Nebensatz. Er spricht von dem, „der euch berufen hat". Zu ihm gehören sie seit ihrer Taufe. Das Fremdsein in der Welt, dieses letzte Nicht-wirklich-Dazugehören, das ist nichts anderes als die Kehrseite davon, dass die Christen auf die Seite von Gott gehören, dass sie berufen sind. Diese Berufung hat allerdings ihren Grund nicht darin, dass die Christen in moralischer oder anderer Hinsicht irgendetwas Besonderes wären. Diese Berufung hat einen Grund, der völlig außerhalb und unabhängig von den Christen besteht. Der Verfasser spricht von einem Los-, von einem Freikauf – so wie Sklaven freigekauft wurden: „Ihr wisst, dass ihr nicht mit vergänglichem Silber oder Gold erlöst seid, ... sondern mit dem teuren Blut Christi." Dieser Loskauf ist seinerseits ein Fremdkörper in einer Welt, die vom Geld und von Geldgeschäften regiert wird. Mit „Silber oder Gold" wurde hier nicht gehandelt. Vor ein paar Tagen war in der Zeitung zu lesen, dass ein Ehepaar einen Arzt auf Schadenersatz verklagt hatte, weil er dem Paar aufgrund einer genetischen Untersuchung mit größter Wahrscheinlichkeit ein unbehindertes, zynisch gesprochen, ein fehlerfreies Kind prognostiziert hatte. Tatsächlich aber wies das Baby eine Behinderung auf, die nun mit Geld wieder gut gemacht werden sollte. „Ihr wisst, dass ihr nicht mit vergänglichem Silber oder Gold erlöst worden seid" – darin besteht ja unsere Würde, dass wir nicht mit Geld aufzuwiegen sind; dass von Gottes Seite her sozusagen das Kostbarste eingesetzt wurde: „das teure Blut Christi", das Leben des Gottessohnes selbst – weniger wäre offenbar nicht genug gewesen.

Die Losgekauften sollten loslaufen: „Darum umgürtet die Lenden eures Gemütes" – der Verfasser gebraucht wie beim Loskauf auch hier eine bildhafte Sprache. Er erinnert an den Aufbruch Israels aus ägyptischer Sklaverei als den Israeliten gesagt wurde: „Um eure Lenden sollt ihr gegürtet sein und eure Schuhe an euren Füßen haben und den Stab in der Hand als die, die hinwegeilen." In jüdischer Tradition heißt es deshalb: „Jeden Tag soll der Mensch aus Ägypten gehen" – aus dem Land der Sklaverei, aus dem Haus der Knechtschaft. Jeden Tag. Jeden Tag frei werden. „Ihr sollt heilig sein, denn ich bin heilig." Noch einmal zitiert der Verfasser einen zentralen Satz aus dem Alten Testament. Heilig sein: wissen, zu wem man gehört; wissen, dass alles Leben, auch das beschädigte, zu Gott gehört; zu dem, der, wie der Verfasser des Briefes sagt, „ohne Ansehen der Person einen jeden richtet nach seinem

Werk“ – der uns also ernst nimmt, der uns gegenüber nicht gleichgültig ist; der gleichwohl weiß, dass er uns noch eine andere Würde gibt als die, die aus unseren Werken, aus unseren Taten und Unterlassungen spricht. „Christ?! Was macht man da eigentlich so?“ – Natürlich, wir haben keinen Kanon von religiösen Pflichten, die es zu erfüllen gilt. Wir sollen etwas wissen. Wir sollen wissen, zu wem wir gehören. Und dann sollen wir etwas tun. Unser Ägypten verlassen. Jeden Tag. Jeden Tag neu – weil wir teuer erkauft worden sind.

MIX
Papier aus verantwortungsvollen Quellen
Paper from responsible sources
FSC® C105338

Printed by Books on Demand GmbH, Norderstedt / Germany